ファーストクラスに乗る人のシンプルな習慣

—3%のビジネスエリートが実践していること—

美月あきこ

祥伝社黄金文庫

はじめに

皆様、こんにちは。本書で皆様のお相手をさせていただく、元キャビンアテンダント（ＣＡ）の美月《みづき》あきこでございます。

私は日本と外資系の航空会社に合計16年間、ＣＡとして勤務し、ファーストクラスで多くのＶＩＰのサービスを担当させていただきました。

その体験を通して、ファーストクラスのお客様たちには、いくつかのシンプルな共通点があることに気づきました。

それらは、すぐにまねできるものばかりですが、実行している人は少ないようです。

ビジネスで成功する。なりたい自分になる。思い描く生活を送る。そういった夢を実現するもっとも効果的な手段は、すでに夢を実現している人たちから必要なスキルを学び、身につけることだと思います。

私はＣＡを辞めて２００６年に起業しました。現在では人前で僭越《せんえつ》ながら講演させていただき、また著作も出版できました。コンサルタント、スクール講師、経営者、会計士など、複数の肩書きを持っております。それらはすべて、ファーストクラスで学んだことをコツコツと実践していった結果にすぎません。

現在の状況は「成功」と呼ぶにはまだまだささやかなものですが、成功の秘訣《ひけつ》を誰かに尋ねられたら、「ファーストクラスで学び、ファーストクラスをまねてきたから」と答えるでしょう。

私たちは「常識」という名のメガネで、自分の周りの景色や世界を見ています。成功者も彼らオリジナルのメガネで世の中を見ています。両者のメガネは、似ているようで、種類はまったく異なります。成功者のメガネをかけて仕事をすれば、彼らと同じ「常識」で世の中が見えてくるのです。

最近読んだ本に、印象的な文章がありました。

「体格や年齢・人種・性別・学歴は関係ない。あなたも成功者と同じことをすれば、いつかは彼らと同じように成功できるのだ」

「もしあなたが成功者の考え方を身につければ、成功者と同じ成果を味わえるだろう」

(『フォーカル・ポイント』ブライアン・トレーシー著　ディスカヴァー・トゥエンティワン発行)

誤解していただきたくないのですが、ファーストクラスに乗ることが人生の目標なのではありません。成功の結果として、ファーストクラスの常連客になれるのです。

私はファーストクラスの常連客でも、特に創業社長たちに注目いたしました。世界的な不況の波にさらされた現在でも、当たり前のようにファーストクラスにお乗りになっている創業社長は、本物の正攻法を身につけた人たちです。

彼らから、学べるべきものを学び、どんな業界でも、どのようなビジネスでも通用する、普遍的で本質的なビジネススキルを身につけましょう。

途中、具体的なエピソードなども出てきますが、航空会社の顧客情報を開示することになりますので匿名とさせていただきます。あしからず、ご了承ください。

それでは本日の客室を担当いたします私、美月あきこと一緒に大空へ向けて離陸いたしましょう。途中気流の悪い中、飛行をしてまいりますが、運航にはまったく支障はございませんのでご安心ください。

２００９年10月

美月あきこ

文庫版によせて

私が、国際線キャビンアテンダントだった20代の頃。普段は一切接点が見当たらない〝雲の上の方々〟にお目にかかり、その気配、佇《たたず》まいを感じながら仕事をしてまいりました。

２００９年12月に上梓した本書では、ファーストクラスという空間のしつらい、おもてなし、そして、この空間を利用し続けている〝雲の上の方々〟、いわば「ホンモノの成功者」の習慣にフォーカスし、執筆に当たりました。

この本に対して、読者の皆様からはさまざまな反応がありました。そこから、著者として、非常に多くのことを学ばせていただきました。

また、この小さな一冊の本は、私に数多くのご縁を紡《つむ》いでくれるきっかけにもなりました。全国の読者の皆様から温かなお手紙をいただき、たくさんの知り合いも増えました。講演会やパーティーに招かれたり、「一緒に仕事をしたい」といったオファーも受けるようになりました。まさに、私の人生を大きく変えた一冊といえます。

そしてまた、この本に対する思いもよらぬ反応として、実際にファーストクラスに乗るような〝大物成功者〟から直々にお手紙やコメントをいただく機会にも恵まれました。そういった方々とのやり取りを通じてわかったこともあります。それは、「成功者は孤独である」ということです。

だからこそ彼らは、「他者から自分がどのように見られているのか」という問いかけを絶えずしています。そして、「もっと良い仕事をしていきたい」「世の中に貢献できる自分でありたい」といった考えも強く持っています。すでに大きな成功を収めた方々のこういった考えには、正直、私も大変驚きました。

孤独をも武器とし、さらに前進する彼らは、まぎれもない本物の成功者です。

本書の中でもたっぷりと触れていますが、周囲に好印象を与える表情や声。信頼感を与える姿勢。友好的で壁を感じさせない会話。自分の席回りの私物に対する扱いの良さ、キッチリとした整理整頓。周囲に感謝を伝えるメッセージ……。本物の成功者は、人付き合いの極意や周囲に好かれる条件を、見事にクリアしているものです。

地位の高い、雲の上の存在だからこそ、こういった振る舞いは周囲を深く感動させます。普通ならば接点のない人たちとの距離感を見事に縮め、「人格者だなあ」と尊敬の念を抱かせ、あっという間に自らのファンにしてしまうのです。これらは、私たちの仕事の中でも十分に役立ちそうです。

20代の頃の私は、「こんな方が上司や先輩だったら嬉しいな」などと勝手に頭の中で周りの人と置きかえながら必死にメモをとったことを覚えています。人心掌握《しょうあく》に長《た》け、他人の力を大きな力へと変えていくことに感動したことも昨日のことのように覚えています。

ヒエラルキーのない世の中などありえません。自分より弱い人、困っている人、年下、後輩、入社のタイミングなどで生まれる不平等は必ずあります。経済的な問題だってあるでしょう。世の中は、不条理なもので完璧な平等などありえないのです。しかし、そんな不条理を超えて、他者を思いやる努力を絶えずしなくてはならないことを、本物の成功者の方々から教えられたように感じます。

自分と相手との距離や位置を察しながら、同じ目線の高さでコミュニケーションを交わす。これこそが、ファーストクラスのホンモノのマナー、シンプルな習慣です。

このたびの文庫化にあたり、さらに多くの方にお読みいただき、読者の「未知から既知への扉」を開ける機会を頂戴できたことに、深い喜びを感じています。読者の皆様が自分を知り、他者を思いやり、「ホンモノの成功者」を目指す。そのために、自らの使命と出会い、自分を変え、モチベーションをあげていく。そのきっかけに、拙著を少しでもお役立ていただければ、著者としてこんなに嬉しいことはありません。

2009年にこの本を書く機会を与えてくださった祥伝社書籍出版部、そして文庫化を実現して下さった黄金文庫編集部に感謝いたします。

2012年9月

美月あきこ

3章 ファーストクラスのお客様の話し方・聞き方をビジネスに活かす —— 109

5章 ファーストクラスのお客様の発想を学び、私が考えたこと

6章 一般のビジネスにも役立つCAのスキル——223

●カバーデザイン　盛川和洋
●本文レイアウト　日本アートグラファー（小池雅美）
●図版作製　日本アートグラファー（小池雅美・根本直子）
●写真提供　共同通信社（17ページ）
中山研吾様
著者

1章

ファーストクラスとそのお客様はここが違う！

ファーストクラスでの食事1
シャンパンとアミューズブーシュ

ファーストクラスにはどんな人たちが乗っているのでしょうか。利用するにはどのくらいのお金がかかるのでしょうか。そして、そこではどんなサービスが行なわれているのでしょうか。まずは、そのあたりからご説明したいと思います。ご自身もファーストクラスに乗っている気分になって、お読みください。

ファーストクラスって、いくらかかるの？

はじめに、ファーストクラスの運賃について考えてみたいと思います。

ファーストクラスといっても、航空会社、国際線と国内線、そして飛行距離によって運賃が違います。

国内線では5000～8000円ほど上乗せすればファーストクラスを利用できます。

しかし**国際線になると、金額はケタ違いに増えます。**航空会社や季節、曜日によっても値段設定は大幅に異なります。

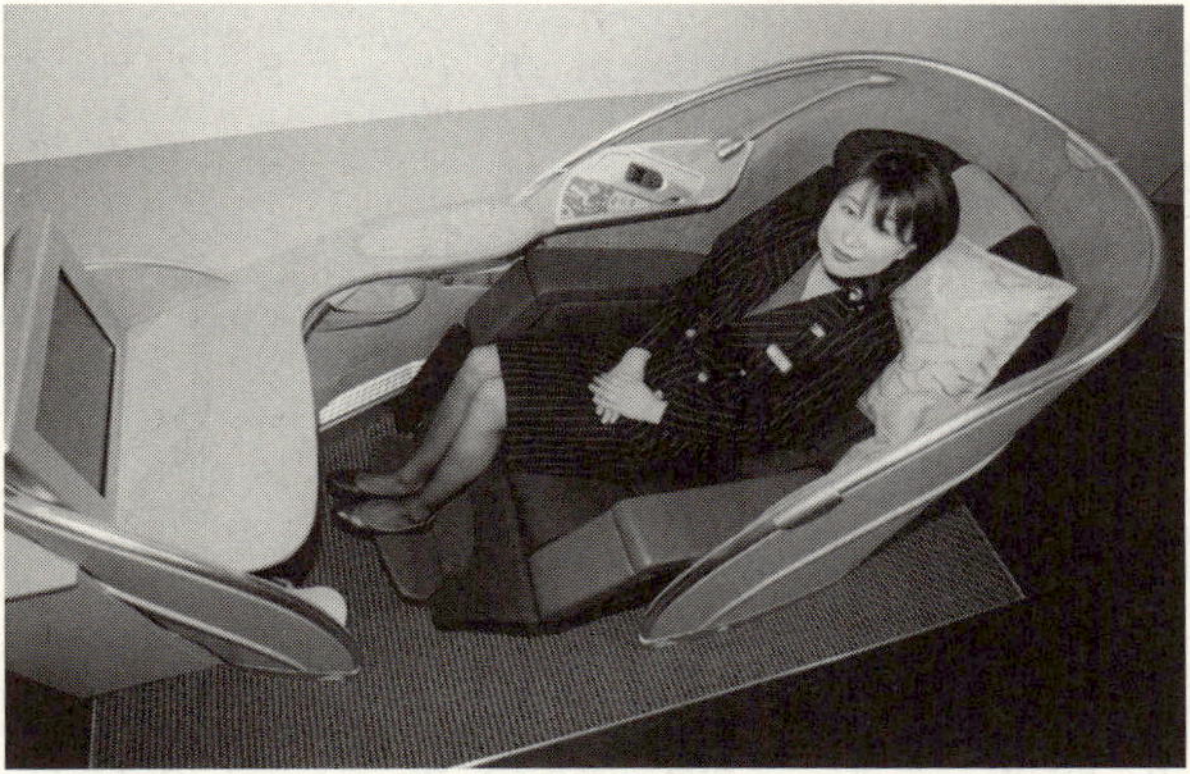

全日空が2002年に発表した、新しいファーストクラス用の座席

2008年、日航が新たに導入したファーストクラスの座席

成田空港—JFK（ジョン・F・ケネディ）空港（ニューヨーク）を例に挙げて、クラス別の料金の比較をしてみましょう。日本の航空会社2社と、世界中のビジネスパーソンにファンが多いといわれるシンガポール航空（SQ）の値段を調べてみました。

F（ファーストクラス）は正規運賃のみで、基本的に割引運賃設定はありません。C（ビジネスクラス）は株主優待券やそのほかの割引が使えるため、普通運賃ではなく航空会社自身が扱う正規割引運賃が選ばれるのが一般的です。

実際にはCとY（エコノミークラス）は、ディスカウントチケットをお買い求めになる方がほとんどで正規の普通運賃で乗る人はいらっしゃいませんが、正規普通運賃で比較してみます。おおざっぱにいえば、F200万円前後、C100万円前後、Y50万円前後＝F4：C2：Y1という割合になります。

正規割引運賃を適応して比較すると、F20：C8：Y1となります。

簡単な目安でお話をすると、**エコノミークラスの8倍の料金を出せばビジネスクラスに乗ることができ、ビジネスクラスの3倍の料金を出せばファーストクラスに乗ることができます**。航空会社によって料金設定は異なりますが、だいたいこんな割合です。ファーストクラスがいかに高額であるのかがわかりますね。

ファーストクラスはこれだけかかる！

■成田－ＪＦＫ（往復運賃）

	F	C（正規）	C（割引）	Y（正規）	Y（割引）
ＳＱ	2,025,810円	1,110,710円			10万円前後
JAL	2,017,500円	1,042,400円	727,000円	623,400円	103,760円
ANA	2,017,500円	1,213,000円	804,600円	555,000円	97,000円

F：ファーストクラス　C：ビジネスクラス　Y：エコノミークラス

それだけの金額をかけても、飛行機を降りる時は手元に何も残りません。ビジネスクラスの3倍の正規普通料金を出したからといって、座席周りに3倍のスペースが確保されるわけでも、お手洗いが3倍の広さになるわけでも、お食事が3倍のおいしさになるわけでもありません。あるいは**CA（キャビンアテンダント）が3倍の器量よしなのでしょうか？**　答えは、残念ながらNOです。おまけに到着時刻も同じです。

「それなら、ファーストクラスは安全上の設備が整っていて、しかも脱出時には最優先に避難させてくれるのですか？」

と真剣な顔で問われても、残念ながらNOです。**緊急脱出の装備やプロシージャー（手**

続き）に、クラスによって差をつけるようなことは一切ありません。

こうしたお金の使い方を「もったいない」と思う人もいるでしょう。いえ、もったいないと感じる人のほうが多いことと思います。

しかしそれは、大変失礼ながら、ファーストクラスの使い方をご存じない方のご意見です。

ファーストクラスをよく使う人たちには、それなりの理由があるのです。

金融資産1億以上の人たちが乗っている!?

ファーストクラスの人たちは、なぜ高いお金を出して利用しているのか。

そのことを考える前に、ファーストクラスにはどんな人たちが乗っているのか、考えてみたいと思います。

「ファーストクラスに乗る人」と聞いてすぐにイメージするのは、「お金持ち」ではないでしょうか。いわゆる「富裕層」と言われる人たちです。

日本でいう富裕層とは、一般的に金融資産を1億円以上保有している人たちです。その上の「超富裕層」と呼ばれる方々は、金融資産10億円以上。ちなみに、この金額は不動産などを含めない、現金、預金、有価証券などの金融資産のみです。

この基準はアメリカよりかなり低いようですが、それにしても凄い世界です。**日本国内における富裕層人口は、全体の2%**といわれています（案外少ないものですね）。

飛行機のクラス別比率は機材や飛行区間によっても違うのですが、300席の場合はファーストクラスが9席というのが一般的です（現在は、ジャンボ機から燃費のよい中型機が主流になっているようです）。そうすると、**全体の座席数の3%程度になります**。つまり、日本国内における富裕層人口の比率と、偶然にもほぼ同じです。

しかし、富裕層の方たちがご自身のポケットマネーでお乗りになっているというケースは、皆無ではないにしてもかなり少数派になります。

バブルの時代の信じられない風景

ファーストクラスのお客様の多くは、会社のお金、経費でお乗りになっています。**ビジネスエリートが、社用でファーストクラスを使っている**のです。

バブル期は、現在の倍の座席数を用意して販売していました。それでもファーストクラスから予約が埋まっていきました。ファーストクラスが満席なので、しぶしぶビジネスクラスに乗ったという方もいらっしゃるほどでした。今では考えられないことですが、そういう時代があったのです。

当時のエピソードを思い出すと、苦笑してしまいます。

たとえば「今日搭載のワインリストを見せて」とリクエストされたのでワインリストをお持ちすると、詳しく見ないで、

「この中で一番高いワインにマークしておいて。産地や品種、味わいではなく、とにかく高いワイン、高いシャンパンね」

とのことでした。味はどうでもよくて高価であればよいという考えの方だったようです。

会社から支給されていたタクシーチケットをCAに配る人や、料理をお持ちするたびにチップの1万円をこれみよがしに差し出す人もいました。〝大盤振る舞い派〟といえるでしょう。

テレビで何度も謝罪会見をされていた上場企業の元社長は、モデルかレースクイーンといった風貌の若くてきれいな女性と何度もご搭乗（女性は毎回異なる）されていました。もっとも多かったのが、何メートル先からも確認できるブランドのロゴマーク入りの洋服、サングラス、バッグ、時計を持ったお客様です。

そんなお客様がファーストクラスにあふれたおかげで、ファーストクラスは常に活気に満ち、景気のよさが感じられましたが、その一方で少々騒がしくなっていたため、**上顧客からは「もうワンランク上のクラスをつくってほしい」という声もあがっていた**そうです。

ファーストクラスの常連「ビジネスエリート」という存在

バブル期にファーストクラスを利用する人が急増したことには、プラスとマイナスの両面があったといえます。

だからこそ、**世界的な不況に突入した現在でも、以前と変わることなく会社のお金でファーストクラスに乗り続けられる常連客は、正真正銘のビジネスエリート**といえます。

ただし「ファーストクラス＝人格者＝リスペクト（尊敬）の対象」とは言い切れないもどかしさがあります。ファーストクラスのお客様にも、当然のことながらいろんなタイプの人がいらっしゃいます。バブル期には前述のような方たちが乗っていましたし、今も、「アップグレード」（後述）でたまたまビジネスクラスからファーストクラスに変更となり、嬉々《きき》としている方もいらっしゃいます。

私が機内でさまざまなお客様と接してきたなかで、人格を含めて「参考にしたい」「お手本にしたい」「こんなふうに活躍したい」と思わせてくれた方たちは、総理大臣経験者でも、芸能人でもありません。

自身が起業してファーストクラスに乗るまで上りつめた、創業社長です。

彼らこそ、真の「ビジネスエリート」である、と定義したいと思います。

私も2006年に起業し、現在もチャレンジしつづけています。起業するよう、無言で背中を押してくれたのが、CA時代に接した創業社長たちであったように思います。

本書では、ビジネスパーソンのなかでもファーストクラスに乗れる3％の人たち、そのなかでも特に創業者たちを中心に、お話ししていきたいと思います。

アップグレードという裏ワザ

先ほど、「アップグレード」という単語が出てきましたので、簡単にご説明しましょう。

航空会社では通常、座席数分より多めに予約を取っています。意外に思われるかもしれませんが、キャンセルもかなり多いので、それを予測してどれだけ予約を取るのかを決めているのです。

この予測には計算式がありますが、その予測数をお客様が上回った場合、エコノミーからビジネスへ、ビジネスからファーストへと、上のクラスに変更するラッキーな座席変更を行ないます。これがアップグレードです。ビジネスクラスの値段でファーストクラスに乗ることができ、ファーストクラスのサービスを受けられるのです。

エアラインからのプレゼントともいえるアップグレードを受けられる方は、割合は定かではありませんが、基本的にどの便にもいらっしゃいます。アップグレード客用の座席が事前に確保してあるのです。

このような、エアライン側からの申し入れで実現するアップグレードは「**インボランタリー・アップグレード**（Involuntary Upgrade)」、**通称「インボラ」**と呼ばれています。他社便が欠航したりトラブルメンテナンスを行なったりする場合、大勢の旅客が別の航空会社の便に流れてくるため、その際にもインボラが行なわれます。

インボラはマイレージの会員のなかの上級会員、正規料金客、エアライン関連会社のツアー客など、適応される順番があり、得意客が対象となります。

一方、**搭乗マイレージを使ったアップグレード**もあります。貯めたマイルを使って、エコノミーの座席をビジネスクラスにしたり、ビジネスクラスをファーストクラスにしたりできるのです。

エアライン側も、ビジネス客の囲い込みに躍起《やっき》なので、アップグレードに必要なマイレージを少なくするサービスを実施したり、キャンペーンを展開したりしてつなぎとめようとしています。

ファーストクラスのお客様のほとんどがビジネスからのアップグレード、という便もあります。海外出張の多いビジネスパーソンはすぐにマイレージが貯まりますから、「往路はビジネス、復路はファースト」と、片道だけアップグレードをお使いになる方も大勢いらっしゃいます。

このようにマイレージをうまくやりくりしてファーストクラスに搭乗される方が増えている現在、**最初からファーストクラス席を指定されて搭乗される方は、エアラインにとって神様のような存在**だといえるでしょう。

アップグレードとは異なるサービスとして、ファーストクラス仕様の座席をビジネスクラスとして売るケースがあります。提供されるサービスもビジネスクラスのもので、座席がたまたまファーストクラスなのです。ですから、食事はビジネスクラスと同じ、トレーによる食事を召し上がっていただきます。これがファーストクラスの座席に安く乗る裏ワザといえるでしょう。

ちなみに、滅多にないことですが、アップグレードの反対の「**ダウングレード**」もあります。ファーストクラスからビジネスへ、ビジネスからエコノミーへとひとつ下のクラスに移動することですが、最悪の場合、搭乗できないケースもあります。

ダウングレードの原因は、予約の取りすぎだけではありません。エンジントラブルが発生したり、使用機材が空港に着陸しなかったりした場合、代わりの飛行機を使いますが、その変更によって座席数が減ってしまうことがあるのです。

航空会社の都合で起こることなので、もちろん差額料金は払い戻しされます。それとは別にクーポンを発行してもらったり、(空港所長の判断で表には出ない)多量のマイレージをもらえることもあります。

搭乗できないという最悪のケースでは、他社便や遅い便に振り分けるなどの措置がとられますが、お客様に応じてもらえない場合、空港ホテルに1泊していただき、翌日便に(空港所長の判断でクラスはアップグレードして)乗ってもらうこともあります。

プライバシーが守られる特別な空間

話が少しそれてしまいました。本題に戻りましょう。

ビジネスエリートたちは、どうしていつもファーストクラスに乗るのでしょうか？

それは、それだけの見返りがあるからです。

ひとつは、プライバシーが守られるという安心感。そしてもうひとつが、気力や体力を養えるという点です。

まず、**プライバシーが守られる安心感**について。

ファーストクラスにお乗りになる方は、各業界でご活躍されているトップの方ばかりです。そのため自分は相手を知らなくても、相手は自分を知っている、という状況が起こります。それは〝有名税〟ともいえますが、「突然、安らぎの時間にドカドカと入って来られる」「いきなり売り込みをされる」「言いがかりをつけられる」といった危険もあります。

ビジネスクラスでは、そういったことが起こる可能性がありますが、ファーストクラスでは杞憂《きゆう》に終わります。

ファーストクラスに乗る人は、自身も同じ境遇にある人ばかりなので、相手のプライバシーを侵害するようなことはなさいません。**ファーストクラスは、顔が知られているがゆえに起こりうるトラブルを完全にシャットアウトしてくれる、〝安心〟を確保してくれるスペース**といえるでしょう。

同時に、同じステージにいる者同士の出会いの空間ともなります。

お知り合い同士の、

「あら、○○さん、お仕事ですか？」

「今回も仕事でねえ、△△さんは？」

という会話がごく普通に聞こえてきますが、不思議なことに、面識のない人同士でも、

「今回は出張ですか？」

「ええ、そうなんですよ。今日はお天気がよくてよかったです。前回は揺れましてね」

「そうですか。私も前回ヨーロッパ出張でしたが、天気が悪くて食事のワゴンが浮き上がったりしましてね、CAさんも大変そうでしたよ。今日はどうぞよろしく」

といった、和《わ》気《き》藹々《あいあい》とした会話が進みます。**ビジネスエリートたちの、社交のスペース**となっているのです。偶然乗り合わせた一流の人たちと知遇を得て、貴重な人脈をつかむ

ことも可能です。もちろん、ファーストクラスに乗る人はマナーも一流なので、自己紹介をさりげなく行ない、会話を楽しまれます。

疲れるのが当たり前の空間で、逆に疲れを癒《いや》す

ファーストクラスの常連がファーストクラスを選ぶもうひとつの理由は、**気力や体力を養える**という点です。

乗り物は、乗っているだけでも疲れるものです。長時間、狭い空間にいなくてはならない飛行機だったら、なおのことです。そして、疲れた体で次の仕事に取り組めば、当然のことですが、効率が悪くなります。

頭がボーッとしてくると、体と気持ちが一体化しにくくなります。気持ちは焦っているのに体が思うに任せなければ、ストレスを溜《た》めることになります。これでは、まとまる商談もまとまらなくなってしまいます。

しかし、乗り物に乗ることで疲れを癒すことができたなら、活動範囲はさらに広がりま

すし、目的地での仕事に全力を傾けて取り組むことができます。

ファーストクラスは疲れを癒し、目的地に到着してすぐにフル活動できるよう、態勢を整える場所。ファーストクラスの席とエコノミークラスの席では、疲労の度合いがまったく違うのです。

細かなサービスも、後からご説明しますが、すべてが違います。

お金持ちは、いらないものには絶対にお金を使いません。しかし、目に見えない時間や空間を買うために大金を使うことには、ためらいがないのです。時間や空間が、お金を生むものだと知っているからです。だから彼らは、一見するととんでもなく高い金額を払って、ファーストクラスを利用するのです。

時間と空間の質に着目するのか、料金の安さに執着するのか、その違いなのです。

つまり、ファーストクラスは「価値がわかる人の特別な空間」であり、「高付加価値を提供してくれる座席」なのです。

寸暇を惜しんで仕事をする人は、ファーストクラスにはいない

最近では、移動中の時間を利用していかに仕事を進ませるか、という点が重視されています。

新幹線でも、パソコンが使用できる車両にビジネスパーソンが集中しています。常に携帯電話がつながり、1時間半ほどの移動時間ですら休むことなく仕事ができるように、ありとあらゆる工夫と努力がなされています。寸暇を惜しんで仕事に励むからこそ、素晴らしい結果を生むことができるのでしょう。

しかし、ファーストクラスはその反対です。

ファーストクラスを利用する人たちの多くは、平素は時間に追われ、分刻みで仕事をしています。しかし、**ファーストクラスであくせくと働く方を、私は見たことがありません。**

航空機の中は、携帯電話の電波が通じません。搭乗時間は電話で邪魔される心配がないということになります。こんなにも**公然と、恵まれたプライベートタイムを持てるところ**

は、他にはちょっと見当たりません。

このように考えると、飛行機のファーストクラスの利点は、新幹線と正反対です。新幹線はいつでも平素の状態を保つことに力が注がれています。〝日常〟の延長線上に線路が延びているようなものです。

反対に、ファーストクラスではゆっくりとお一人の時間を満喫していただくために、できる限りのお手伝いをしています。〝非日常〟を提供しているといえるでしょう。そして、目的地に着いてからフル活動していただける態勢を整えることに照準を合わせているのです。

両者を場合によって使い分けることが、賢いビジネスエリートといえるのではないでしょうか。

おもてなしの心

ファーストクラスの空間には、おもてなしの心が行き届いています。

おもてなしは、気遣いの品質の高さによって決まります。

気持ちと時間をかけて個別に対応し、常に努力を怠らない勤勉さがなければ、おもてなしは提供できません。

おもてなしは、マニュアルで指導されてできるようになるものではありません。一人ひとりのCAが、一人ひとりのお客様のご希望を察することから生まれる、思いやりの表現なのです。常にアンテナを高く設定し、五感を研《と》ぎ澄まし、お客様が言葉になさる前にご要望に気づいて差し上げることが求められます。

私は先輩から、

「お客様の後頭部を見てすべてを察しなさい」

「お客様のコートをお預かりした際の手触りで、お客様のクオリティを感じなさい」

「言葉を発せられるまでボケ〜ッと立っているのではなく、間《ま》を読み取りなさい」

と指導されてきました。

人間はどんなに偉くなっても、何歳になっても、自分という存在を認めてもらいたいと望んでいます。

おもてなしは、相手を認めるところから始まります。「その他大勢」「誰でも同じ」ではないのです。すべて個別対応なのです。それこそが、ファーストクラスでCAがもっとも心がけていることです。もちろん、他のクラスのお客様にも「おもてなしの心」で接します。けっしてCAが見下している、というわけではありません……。

ファーストクラスは値引きをしないのがポリシー

ファーストクラスは、値引きを一切いたしません。値引きをしないことが、ファーストクラスの常連客様たちへのサービスだと考えているからです。

値引きをすると、価値が一瞬にして下がります。当たり前です。エルメスのバッグがもしワゴンセールをしはじめたら、女性にとっての憧《あこが》れではなくなります。オーダーして2年ほど待たされ、しかもオーダーそのものが受けてもらえないこともあるという事実があるからこそ、憧れの対象なのです。ファーストクラスのお客様に、価値の下がったものを購入してもらうわけにはいきません。

では、ファーストクラスではどのような極上サービスが提供されているのか、垣間《かいま》見ていただきたいと思います。

ファーストクラスを自分で予約する人はいない

ファーストクラスの極上サービスは、まず、予約をする段階から存在します。

あなたは、どのように飛行機の予約をしていますか？

電話で？　パソコンで？　それとも旅行会社の窓口に行きますか？

最近はパソコンで予約する人がだいぶ増えているようですが、ファーストクラスのシートを予約している方で、ご自身でパソコンからという方は、あまりいらっしゃらないと思います。

社用での利用の場合は、秘書が予約を取るというのがほとんどです。

また、個人でファーストクラスを利用できるほどの方は、専属の旅行会社に「○○へ◇日から◇日まで行きたい」と電話を一本入れるだけです。

すると、旅行会社がすべてを代行して航空券・ホテル・送迎車の予約を取ります。ホテルならスイートルームですし、送迎車はリムジンカーを手配します。

お子様連れの方の場合、現地でのベビーシッターや幼児の子守、そして、通訳やガイドも必要とする場合があります。

いつも依頼している専属の旅行会社なら、ご本人が希望を伝える前に、その要望を理解し、希望通りにしてくれます。

面倒なことは一切なしで楽しい旅ができるようにしてもらう。そうでなければ、エージェントに頼んでいる意味がありません。

忙しい人、旅なれている方には、それが何よりのおもてなしになるのです。

言葉に出して言わなくても、心に思っていることをくみとって実行してくれるようでなければ満足はできません。人は「おもてなし」を受けることに慣れてくると、ただのサービスの提供では満足できなくなります。

予約の取れたチケット類は、旅行会社の専属の担当者が、会社やご自宅までお届けします。マイル管理も、旅行会社がしています。誰にでもできる雑用は、すべて他人に任せていると考えてください。

ファーストクラスのお客様の担当者は、依頼主のこと細かな要望や趣味、好みなどすべてを把握しており、いちいち聞くまでもなく、依頼主の手や足のように動けるのです。

つまり、お客様が仕事に集中できるように、周囲で雑用を引き受けているのです。その分、本人は余計なことを考えないですみます。

ファーストクラスのシートに着座してからは、その役割がＣＡにバトンタッチされます。

ファーストクラスを担当するＣＡは、**昇格試験に受からなければなれないという航空会社もあります。**それほど高度な気遣いを要求されるのがファーストクラスなのです。

寝心地のよさとプライバシーが座席のポイント

２階建ての機材で、ファーストクラスがアッパーデッキ（二階席）に設《もう》けられていない限り、航空機の中で**ファーストクラスと他を隔《へだ》てているものは〝１枚のカーテン〟**だけです。

布でつくられたたった１枚のカーテンの内と外で、天と地の差ほど違うサービスが繰り広げられます。なかには少し汚れたカーテンもあるかもしれませんが、そのカーテンでの仕切りがまったく違う空間を生み出しているのですから、おもしろいものです。

ひと昔前のファーストクラスと現在のファーストクラスを比較した時の一番の違い、それは座席です。目を見張るほど改良されてきており、昔のファーストクラスの座席とは雲《うん》泥《でい》の差があります。たとえば、ＡＮＡのファーストクラスの座席は、幅が約84センチ。ビジネスクラスだと53センチ、エコノミーでは42センチとなります（ボーイング７４７）。

ファーストクラスの座席の他との違いは、座り心地よりも、フルフラットになるか否《いな》か、その寝心地にあるといえます。

長時間の旅は、寝心地のよさが疲労度にかなり影響してきます。熟睡できるか、できないかで、翌日の仕事の進み具合が大きく違ってきてしまうのは、ビジネスパーソンの多くが経験していると思います。

２番目の大きな違いは、「プライベート空間」がどれほどあるかです。

ファーストクラスの座席が天井まで届くパーティションで守られ、開閉扉がついた個室仕様になっている機材もあります。扉を閉めて就寝するスペースが確保されるということは、**完全にプライバシーが守られる**ということです。最近のファーストクラスを、〝空のスイートルーム〟と表現している外国航空会社があるほどです。

最近はマイルを貯めてファーストクラスを利用なさる方もいらっしゃるので、ラフなスタイルでご搭乗されることもありますが、ビジネスでご利用のお客様は、ほとんどがスーツやジャケットに、革靴で搭乗なさっています。

それなりの方がお乗りになる空間なので、一種の「社交の場」でもあるわけです。家の周りを散歩するような格好は避けていらっしゃるのかもしれません（ただし、時代を反映しているのか、Tシャツにジーンズという姿の若い社長もいらっしゃいます）。

スーツのままでひと晩過ごすとなると、リラックスできず、疲れを取ることはできませんから、疲労を翌日に持ち越すことになってしまいます。

そのためほとんどの方は、就寝タイムに航空会社が提供するリラクシングウエアにお着替えになります。お着替え用パジャマのことです。

近年は、旅を楽しむことは体をリラックスさせること、心身ともに休めることだという意識が浸透してきました。そのため座席は寝るために効力を発揮してくれるものへ、衣類は羽織るタイプのものから熟睡用のパジャマへと変化してきました。マイパジャマを持参される方もいらっしゃいます。

パジャマに着替えた後、CAに声をかけると、シートコントローラーで座席を180度リクライニングさせ、敷き布団、枕、羽毛の掛け布団を用意して、柔らかなふかふかベッドにしてくれます。

航空会社によっては、**就寝前にアロマテラピーサービス**があります。完全個室の羽毛布団などにお好みのアロマの香りをつけておくというサービスだそうです。「ラベンダーの香りに包まれて、癒されながら夢の中へ」ということなのでしょう。

アロマボトルを歯ブラシセットなどとともにお配りするサービスは、どこの航空会社でもしているようです。

他にもネイルケアやマッサージのサービスもあります。専門のスタッフが乗っている時だけ、マッサージやネイルのサービスを予約制で施《ほどこ》している航空会社もあります。

ちなみに、サービスは航空会社によっても違いますので、念のため。

常に他人の目が向けられるパブリックスペースで2～15時間を過ごすのと、ある程度のプライベートが守られている空間で過ごすのでは、疲労度はかなり違ってきます。

〝お客様にもうひとつのご自宅を提供しています〟と謳《うた》っている航空会社もあります。これはまさに、プライベートゾーンの確保がなされているということです。

極上サービスはグラスに入ったシャンパンから始まる

離陸してしばらくすると飛行高度が一定し、水平飛行に入ります。それと同時にシートベルト着用サインが消え、その瞬間から極上サービスの開始です。

おもてなしのスタートは、ファーストクラスのウェルカムドリンクから。紙コップではなく、ガラス製のグラスに入れたシャンパンがお手元に届きます。

アルコール類はワインや日本酒・焼酎など数多くの著名な高級品を取り揃《そろ》えています。アラブ系の航空会社では、ショットバーも設置してあり、バーテンダーがその場でつくるというサービスを導入しています。

アルコールが苦手な方は、ソフトドリンクも豊富に揃っているので安心です。日本の航空会社であれば、ほうじ茶や煎茶もあります。カフェインを含まないコーヒー「ディカフェ」も用意しています。これなら、お休み前にも安心して飲めます。また、妊婦さんにも好評です。

お茶をお出しする時は、もちろん瀬戸物の湯呑みと茶たくを使います。日本茶を手にした瞬間、日本人であれば誰でもホッとしますね。

水平飛行開始後しばらくはドリンクタイムですが、ワインも何種類も用意されています。お客様が選んだワインをボトルで持って来て、その場で開栓してグラスに注ぎます。一緒に出されるおつまみのナッツは、温められていることもあり、大切にもてなされていることを実感します。その品揃えも、まるで高級レストラン並みです。

100万円単位の超高級炊《た》きたてごはん

ファーストクラスでは、食事の内容も提供の仕方も、他とはまったく違います。事前に、航空会社から電話があり、お好みの食事についても聞かれます。もちろん予約も受け付けています。日本の航空会社の和牛フィレステーキなどは数に限りがありますので、予約をしておいたほうが安心です。

エコノミークラスですと、たいていがお肉かお魚の二者択一のメニューですが、ファーストクラスでは選択肢の数が違います。

以前私がファーストクラスに搭乗した際（もちろんマイレージアップグレード！）には
こんなメニューでした。

・食事前のお酒とともにアミューズ（簡単なカナッペのようなもの）が、ドライナッツや
おかきと一緒に提供されます。

・洋食の場合、ビーフ、鶏、魚から選択。もちろん和食もありました。航空会社によって
はオードブルの種類から選ぶことができるようです。

・お肉は焼き加減もオーダー（その日のギャレー「機内のキッチン」担当者の力量にもよ
りますが……ミディアムレアでも要望通りの焼き加減でしたよ！）。

・前菜は、キャビア、南仏甘口赤ワイン風味のフォアグラテリーヌ。

・パンプキンのクリームスープ　サワークリーム添え。

・鹿児島牛フィレステーキ、和風おろしソース添え（419kcal）。

・ナイフやフォークは、プラスチック製でした（味気ないですが、これはセキュリティの
ため）。

・フルーツの盛り合わせ。

チーズもいただき、紅茶で締めました。

食事は、ご当地の名産品や手づくりの塩を使用しているほか、和膳の会席料理も用意されています。黒毛和牛、キャビア、カラスミ、雲丹《うに》、鮑《あわび》、フグの煮凝《にこご》り、生ハム、鴨、タラバ蟹、車海老という高級食材が勢ぞろい。それに機内で炊飯した「炊きたてごはん」が出されるなど、盛りだくさんのメニューです。

聞いたところによると、この炊飯装備の導入だけで何百万という経費がかかっているということです。機内で炊いたごはんは「百万単位の高級ごはん」ということになるでしょう。

デザートもケーキ、プリン、ムース、チョコレート、アイスクリーム、シャーベットなどのスイーツに加えて、多彩な季節のカットフルーツまで、お腹の具合に合わせて注文できます。

ファーストクラスのお食事は内容だけではなく、いただく雰囲気も大切にしています。1枚の四角いトレーにすべての食事をお載せして、一気に出すということはいたしません。まるでレストランでいただいているかのように、可動式テーブルに**テーブルクロスを**

敷きます。

テーブルクロスはビジネスクラスでも敷きますが、サービス内容には大きな違いがあります。ナプキンや檜《ひのき》の香りのするお箸《はし》など、上等なものが用意されています。空の上で地上と同じ本格的なディナーをいただけるのです。

ファーストクラスは、何でも一番よいものを一番早く提供するようにしています。その名の通り「すべてが一番」なのです。一番早く提供するとは、お待たせすることなく、最高の状態ですぐに提供するということです。

料理や飲み物には、口にした時にもっともおいしく感じられる状態があります。温かいものを温かいうちに、冷たいものを冷たいうちに提供するのは、おいしい時間帯に食してもらうためです。これがなかなか難しく、サラダやドレッシングは「チラー」と呼ばれる冷蔵庫から出して少し時間が経つと生ぬるくなりますし、スープも冷めるとおいしさが半減します。だから繊細《せんさい》な神経を使うのです。

また、ご自身の食欲や腹時計に合わせて、食べたい時にいつでも注文できること、これこそ有用性に長《た》けた「最高のおもてなし」といえるでしょう。ましてやファーストクラスのお客様は、普段からよいものを召し上がっていて、お口が肥えていらっしゃいますから、極上のものでなければご満足いただけません。

ファーストクラスでは名前を呼ばれる

ファーストクラスでは、「お客様」とは呼ばれません。

「○○様、本日は△△航空ファーストクラスをご利用いただきまして、誠にありがとうございます」

といった具合に、**お客様のお名前で声をかけられます。**

挨拶《あいさつ》だけではありません。以前、その航空会社スタッフのサービスをほめてくださっていれば、

「○○の時は、おほめのお言葉を頂戴いたしまして、ありがとうございました」

などといったコメントもつけます。

前回の搭乗の際に、たとえばＣＡに、

「腰を痛めて痛いから余分にクッションがほしいんだけれど……」

と話をされていたら、それも顧客情報として保存してあります。そして次の搭乗時に、「○○様、前回腰痛のところお乗りいただいておりましたが、その後、よくなられましたか?」

と、CAが声をかけるのです。

顧客情報として保存するのは、そういったことばかりではありません。毎回クレームをつけるお客様もいらっしゃるので、どういったクレームなのかを知っておく必要があります。

「ファーストクラスの乗客イコール人格者であり、リスペクトの対象」とは言い切れないと前述しましたが、その一例として、このような人も残念ながらいらっしゃいます。

たとえば、飛行機が到着するまで、その方の傍《かたわ》らで怒号、自慢話を聞かされた挙句《あげく》、「オレは年間11往復利用している。家族の分も含めると2億近い金をお前の会社に支払ってやっている。お前の給料もオレのポケットマネーだ」

などと騒ぎ立てるお客様は、「UUU《ユーユーユー》」と隠語(?)で呼ばれています。その方がお乗りになる際に、CAは情報を共有し、細心の注意を払ってサービスを提供するよう努めるのです。

ちなみに、誰もが知っている某施設の社長は、毎回クレームをつけています。しかもアップグレードではない上顧客です。とはいうものの、特別な方の特別な場所の雰囲気をかもし出すファーストクラスでは、やや存在が浮いていたことを思い出します。

それでも、考え方によっては、厳しい（厳しすぎる）方がいらっしゃることで、CA全員が気をひきしめ、チームワークが芽生えるという利点もありますが……。

名前といえば、万が一飛行機が遅延した時は、CAが個人名宛てに手書きした「○○様、本日は……」といったお詫《わ》びのメモが渡されます。航空会社は縦横の連絡が徹底しています。ファーストクラスのお客様は特別ですから、お客様の情報をすべてのCAが共有しているのです。具体的には、会社名、職位、搭乗回数、上級会員・中級会員といったメンバーのステータスが記された顧客情報が事前に配られます。履歴をわかったうえでサービスを提供するのです。そうすることで会話の糸口が探せますし、内容も深く理解できるのです。

こんなお客様も乗っているの!?

超優柔不断な元スポーツ選手の場合

コラムでは、ファーストクラスで目撃した、こんな人、あんな人をご紹介します。本文でご紹介するようなビジネスエリートばかりではない、ということをご理解ください。

まず、食事時間中にお休みだった、元スポーツ選手のお話です。

お目覚めになって、「お腹が空《す》いた。何か食べたい」とおっしゃったので、早速メニューをお持ちしました。そこで、「牛肉をレアで」と注文されたので、「かしこまりました」とお肉を焼き始めました。

しばらくすると、「やっぱりミディアムにして」。ならばと、お肉をミディアムに仕上げるように焼いていたら、「やっぱり胃がもたれるから魚にしたい」。今度は魚を準備していたところ、座席からコールボタンが押され、お席にうかがうと、「やっぱりチキンにしてほしい」。

ちょっと優柔不断すぎやしないでしょうか！（怒）

そんなに現金持ってどうするの？

搭乗された時にお客様のコートや荷物をお預かりするのですが、ご自分のセカンドバッグとジュラルミンケースを絶対に預けたくないと拒まれた方がいました。

免税品販売も終わり、機内は電気を消してお休みタイムとなり、私たちは、座席後方に座り待機状態となります。真っ暗になった機内で、その方がジュラルミンケースをこっそり開けて中を見ているところを、後方に座っていた私は偶然にも見てしまったのですが、そこには現金がぎっしり詰まっていました。

「あんな大金を、アメリカに持ち込めるのかしら」と不思議に思いました。

さらに現地到着後、そのお客様は、先ほどのセカンドバッグをお忘れになっていました。地上係員に届けてもらおうと持ったところ、少しファスナーが開いていて、その隙間から見えたものは、これまたぎっしりと入った現金！

あるところにはあるなと思ったのですが、なんで手持ち輸送なのだろうと少々不思議ではありました。

2章

ファーストクラスのお客様の「習慣」をまねる

ファーストクラスでの食事2
オードブル（タラバ蟹、アボカドとカリフラワーのムース　シャルロット仕立て）

ファーストクラスのお客様を見ていてびっくりさせられるのは、じつにこまめにメモを取るという姿勢です。これは、ファーストクラスを利用するビジネスエリートに共通する習慣だと思います。

そのような習慣は、他にもあります。

それらの多くは、とてもシンプルなものばかりです。でも、それらを馬鹿にすることなく、ビジネスシーンでちゃんと続けてみてください。あなたを取り巻く環境が好転してくるのを実感できると思います。

ファーストクラスのお客様の習慣を、紹介していきましょう。

メモをどんどん取る

「上司との立ち話の時に、メモなんて取らないよ」という人がほとんどではないでしょうか。

でも、ファーストクラスのお客様は、**私たちとの会話の際にも、本当によくメモを取ら**

れていました。ＣＡが話すことを、どんどん書きとめていくのです。

手のひらに載るような小さなメモ帳やカード、あるいは手帳をいつも持っていらっしゃって、すぐに取り出していました。

ご存じのように、ビジネスマナー上は、名刺の裏に何かを書き込むのは失礼なことです。しかし、**ファーストクラスのお客様は、名刺の裏でも気にしません。**普通に書き込んでいる方がいらっしゃいました。もちろん、それを見ている私たちに、不快感なんてまったくありません。私の話をメモまで取って聞いてくださっているのですから、自分が尊重されている気がして嬉《うれ》しく感じたものです。

ファーストクラスのお客様の中には、機内のトイレに行く時ですら、紙とペンを持って入る方がいらっしゃいます。少々不衛生な気もいたしますが、サザンオールスターズの桑《くわ》田佳祐《たけいすけ》さんも、ご自宅では同じようにして曲をつくっていると聞いたことがあります。優れたアイデアはリラックスしたタイミングで出るのでしょう。

自宅のいたるところにメモを置いておく

私もファーストクラスのお客様たちの習慣を見習い、メモ用紙と筆記用具をバスルームやリビング、トイレやベッドルームなど**家中のいたるところに置き、何かひらめいたらすぐに書けるようにしています。**ただし、キッチンやパウダールーム、ドレッサー、書斎など「するべきことが決まっている」場所には置きません。

メモの内容は、企業や団体に招かれる講演会や企業研修、CA受験スクールの講義で話す内容やコンセプトなどです。この本の章立てや盛り込みたいエピソードなども、いたるところでメモに書きとめました。

家の外でも同じです。移動中の電車の中で、休憩中のカフェで、出張先のホテルで、思いついたアイデアをメモします。

メモするのは、アイデアだけではありません。

私は普段から本を読み、講演会をライブで聴きに行きます。聴きに行くチャンスを逃した講演会なら、それを録音したCDを聴きます。

本に書かれている文章や講演会で発せられた言葉、あるいはお仕事でたまたま知り合いになった方が発した言葉などに、その都度、心が動きます。そして心が動くたびに「あ、この考え方はいい！　記録しておこう」「この言葉はスタッフや受講生とシェアしたいな」と考えます。

その瞬間はその言葉の鮮度が強く輝いていますが、時間の経過とともに、感動という輝きは色あせていきます。ですから、できるだけ**最初の感動を〝フリーズドライ〟するためのメモ**が必要なのです。

メモに残すことで、その時の自分が何に感動したのかをあとから思い出すことができます。また、時間を経《へ》てメモを読み返してみると、最初に感動した瞬間にはわからなかった言葉の深さに気づくこともあります。

アイデアと感動した言葉をメモで残す

ファーストクラスのお客様との会話を通じて、中国に「**貴人**《きじん》」という思想があることを知りました。もちろん、そのお話を聞きながらメモしました。この文章は、その時のメモをもとに書いています。

中国では、挨拶の際に「**最近、貴人に会われましたか？**」と質問することがあるそうです。貴人とは、学識のある人、徳のある人、富のある人など、知性と人徳があり、オーラにあふれる素敵な人のことです。そうした貴い人は、自分を引き上げてくれる可能性にあふれているといわれています。

前出の質問に対して、「はい、私は貴人にお目にかかりました」という返事があれば、その人は仕事にも前向きで、よい生き方をされているはず。だからおもしろい話をしてくれることでしょう。

本や講演会、人との会話のなかで心を打つ感動的な話や言葉にめぐりあえたとしたら、それは「貴人に会えた瞬間」といえます。

自分自身が貴人に少しでも近づくための作業が、メモを取ることなのかもしれません。そのように考えているので、手元にペンやメモがないという状況にある時は、まるでチャンスを逃しているように思えてきます。

ボイスレコーダーを使った時もありましたが、私の場合、声に出すだけではダメで、実際に手を動かして、読み上げながら書くという行為が肌に合っているようです。

自分のオフィスではスタッフの了解を得ているので、実際に声に出して読み上げながら書きます。さすがにカフェやホテルではできませんが……。

それらのメモが、のちに具体的な仕事に結びついた例はいくつもあります。

私の場合、**メモがさまざまな仕事の〝骨格〟となっています**。その骨格に肉づけをしてひとつの仕事を完成させるという流れです。

機内での過ごし方をメモで指示するお客様

ファーストクラスのお客様で、搭乗後すぐにメモをCAにお渡しになる方がいらっしゃいました（65ページ図参照）。

「僕は、機内でこのように過ごす」という内容がびっしりと書いてありました。「離陸後、○時に一度水を持ってきて」「○時に起こして、その後、○時に食事」といった内容です。しかもメモの時間は、到着地の時間を基準にしてあります。時差計算もされているわけです。

現地に到着するまで機内でどのように過ごすかを、メモでお伝えになっているのです。

さらに、

「○時に起こしてね。絶対ね」

と口頭で念を押されましたが、これは現地に着いてから時差で苦しまないように、乗った時から時差調整をされているからです。

自分自身でタイムマネジメントがきちんとできる人は、仕事のできる人です。成功する要素の高い人といえるでしょう。

優先順位をリストアップする

機内での過ごし方メモをCAに渡す方は少ないですが、搭乗後、着替えと荷物の整理が終わるとすぐに、**機内ですべきことをすべてリストアップ**される方は多いです。

そして、それらに優先順位をつけて並べ替えます。着手する順番を決めるのです。

優先順位を決めるためには、その仕事にどのくらいの時間がかかるのか、一つひとつを予測することが必要になってきます。**短時間ですませられるものは、優先順位に関係なく、先にすませてしまいます**。その分、リストに挙げた項目数が減り、気分が落ち着くという効用があります。

ファーストクラスの常連客が実行する、こうした予定の立て方には、仕事のスケジューリングを行なうにあたって見習うべきことがたくさんあります。

たとえば、**会社に着いてもすぐに仕事に取り掛からずに、今日やるべきことをリストアップしてメモにします**。やるべきことがたくさんあったら、すぐに手をつけられるものから片づけていきます。だんだん項目数が減っていきますから気分が楽になります。

また、その際に仕事に優先順位をつけ、「To Do List（しなければいけないリスト）」をつくるのもいいでしょう。明日から早速、実行してみましょう。

ファーストクラスでは「メモ」が飛び交っている

■機内での過ごし方をメモで指示するお客様の例

・11：00発（日本）21：00（現地時間）
・NRT（成田空港3レターコード）
・離陸までに着替え　アイマスク　イアプラグ
・離陸後水ボトル
・就寝の準備　チーズと赤ワイン
・食事はキャンセル　Don't disturb!
・5：00　起こして下さい。
・水with ice
・お茶漬け（うなぎ）
・読書　東洋経済、プレジデントKeep
・朝食（洋食）
・9：00着（現地時間）JFK(ニューヨーク
JFケネディ国際空港の3レターコード)

■会社でやるべきことをリストアップ

3	○○さんに電話
1	昨日やり残した企画書を完成させる
2	ホームページの原稿に関する確認
7	出張精算
5	定例会議出席
4	△△氏に電話
5	××さんのメールに返事

これらはTo Do Listにリストアップして優先順位を決める。

CA時代からメモは大活躍

もともと記憶力が悪く、メモを取りなれていなかった私ですが、メモを取る習慣はCAという仕事に必要なので生まれたものです。

メモを取るようになったそもそもの理由は、思い違いや言い間違いなどのミスを減らし、確実性を高めるためでした。エコノミークラスのお客様からリクエストを口頭で受けたあと、すぐに要点をまとめてメモに書き出し、それをお客様にお渡ししてリクエスト内容が合っているかどうかを確認していただくようにしたのです。私はこれを「**確認返しメモ**」と呼んでいます。

確認返しメモを行なうようになってからは、お客様から「しっかりしている」「ぬかりがない」といったおほめの言葉をいただけるようになりました。それで俄然《がぜん》やる気が出て、メモを取ることが習慣化されました。

私はCA時代、お客様からのリクエストに対して「**トレーマット**」と「**アロケーションチャート**」を使ってメモを取りました。

CAがサービスする際のトレー（お盆）には、防水式の薄いマットが何枚か重なっています。それに自分なりのメモを取っていったのです。

たとえば通路を歩いていてお客様から「コーヒー持ってきて」とリクエストを受けると、座席番号とリクエストを記して「26Cコーヒー」といったメモを取りました。

「アムステルダムで乗り継ぎをするんだけど、ターミナルの地図を持ってきて」というリクエストなら「18A AMS 地図」。「日経新聞持ってきて」なら「9A日経」といった暗号のようなメモです。

これらは自分のためのメモとして書き、リクエストに対応後、ペンでそれぞれ消しこみました。

一方、アロケーションチャートとは、その便を担当するCAの名前がずらっと書かれたアサイン表（サービス担当配置表）のことです。「機内任務分担表」または「乗務分担表」とも呼べるもので、非常時に持ち出す物品や非常用設備などの情報が記された紙（その日によって異なるが、だいたいA4サイズ）です。

このチャートの余白に、コックピットブリーフィング（機長とのうちあわせ）の際に機長から説明を受けた飛行計画、フライトの運航状況、高度や速度、そして緊急事態に備えての事柄などを書き込んでいくのです。

ＣＡによっては別にメモを用意している人もいましたが、それだと情報がばらばらになるので、お客様からのリクエストもついうっかり忘れてしまうことにつながります。

また、当日の飛行や運航に関する情報はひとつにまとめたほうがよいと考え、その日の注意事項はアロケーションチャートにすべて書き込みました。

つまり、お客様のリクエストはトレーマットを使ってメモし、飛行・運航・客室サービスに関する注意事項はアロケーションチャートにメモをして書き分けていたのです。

やがてファーストクラスのお客様のサービスを務めるようになり、メモの意義はさらに大きくなりました。

ファーストクラスのお客様が発した言葉に心が動き、その言葉を書きとめておく時にも、メモは大活躍しました。

成功者は、メモを取る姿で相手を感動させる

ファーストクラスのビジネスエリートたちが、私たちＣＡに質問をすることがありま

す。そんな時、彼らはメモを取りながら、私たちの話を真剣かつ丁寧に聞いてくださいました。

「一回のフライトに200万円近く払うような成功者が、私のような若輩者《じゃくはい》の発言をメモまで取って参考にしてくださっている」

そう思うと、胸が熱くなりました。当時の私はお客様のそんな態度に感動し、知っていることはすべて一生懸命説明しました。

たとえば現地の人気レストランの予約方法。これは本当に喜ばれました。到着現地で行なわれている、なかなかチケットが取れないミュージカルの予約方法や、売れ残りやキャンセル分が当日に売り出される、現地にある穴場的なチケット売り場の情報などは、実際に役に立つ具体的な情報なので、とても真剣に耳を傾けていただきました。CAが実践している時差の解消法も、よくお話ししました。

他のお客様から同じ質問をされた時はもっと上手に説明できるようになりたいと思い、聞かれたことをより深く、より詳しく調べるようになりました。また、相手に正確に伝わっているかどうかも意識するようになりました。

成功する人としない人の違いは、人を感動させることができるかどうかです。

成功する人は、メモを取るという態度で相手を感動させ、その人のやる気を引き出すのです。

このように考えると、**成功者は人にやる気を起こさせる名人**かもしれませんね。

だからといって、それほど難しいことではないのです。

私は今、講演や自社で開催しているビジネスマナー講師養成講座の講義を行なっていますが、そんな時に受講生が真剣にメモを取っている姿を見るととても嬉しく、感動します。それは私の話に真剣によそ見もせずに聞き入り、一生懸命考えてくださっていると感じるからです。喜びを感じると同時に、私という存在が認められていると実感します。

そんな時にはおまけの話として、「ココだけの話」や相手が喜んでくれそうな話をいっぱいしてしまいます。話しすぎて時間オーバーもよくありますが。

メモすることで、周囲への心遣いにもなる

同僚のCAから聞いた、ある会社の社長のお話です。

機内で感じよく対応したCAが、たまたま前日が誕生日だったと聞いて、「来年のお誕生日は祝ってあげよう」と約束したそうです。

もちろん、そのCAはその場限りの言葉ととらえていたようです。普通はそうです。

しかし、その社長はしっかりと誕生日をメモしていました。

そして、ちょうど1年後のお誕生日に、お祝いのカードが会社の乗員室宛てに届けられたのです。CAがどれだけ驚き、喜んだか、言うまでもありませんね。

そのCAは、「約束を守ってくださった素晴らしい方」と、大勢の人に話しました。

その社長の人柄を表わす素晴らしいエピソードであると同時に、メモを取ることの効用がわかりますね。

相手の立場に立ってものごとをとらえようという「仁」の思想を説いた孔子《こうし》の時代から**「他者の喜ぶ顔を見ることを自分の喜びにできるのが真の成功者だ」**と、伝えられています。**メモを取り、そのメモを活かしたことで、人を喜ばせることができた**わけです。

自分のことをわかってもらおうと一生懸命に話すより、メモを取りながら人の話を一生懸命に聞き、そのメモをもとに人の役に立つことや喜ぶことをしたほうが、嬉しい結果が待っているのですね。

お金さえあればほとんどのものが手に入る時代ですが、**「評判」はお金では買えないものです。**人を感動させたり、喜ばせたり、そしてその結果、評判を得ることが、「メモを取る」だけでできるのですから、この習慣を身につけない手はありません。

メモを取れば信用も得られる

大事な話をしている時。会議。研修。そんな時に、まったくメモを取らない人が最近多いように感じます。そんな人に限って、いざ仕事に取り掛かると、指示をきちんと理解しておらず、間違えたり、聞きなおしたりするのです。そして、「私は、○○だと思った」「私は、○○のつもりだった」と言います。

これは、

「他の人がどうであろうが、私は○○だと思った」

「確認はしていませんが、私が故意に間違えたわけではありませんから、私を悪く思わないでください」

という開き直りです。**弁解したことで、さらに評判を下げる**結果になってしまいます。

しかし、メモを取っていれば、聞きなおしたり指示を間違えたりする確率は非常に低くなります。その結果、仕事が確実になり、自然に信頼を積み重ねていくことができるのです。

メモを取ろうとすれば、相手の話をきちんと聞かなくてはなりません。「あなたの話をきちんと聞いていますよ」という意志は、その態度を見れば一目瞭然でわかります。

メモのおかげで、ファーストクラスのお客様から信頼していただいたことがあります。

機内での行動を時系列のメモにして渡してくださるお客様がいらっしゃる、というお話をしました（63ページ）が、そのメモはギャレーに貼ります。他のCAへの周知徹底とチェックリストとして使うためです。

ですので、そのメモはお返しできないのですが、私はお客様のメモを別の紙に書き写し、さらにコメントを入れた確認返しメモをお渡ししました。

お客様のメモに、

「離陸後、すぐに眠りたいので食事はキャンセル。おしぼりとチーズ、そのチーズに合うワイン、そして2杯目はブランデーを希望」

とありましたので、その箇所に、その日のワインリストとチーズのリストからおすすめの組み合わせを書き込み、2杯目のブランデーの銘柄も書いておきました。

さらに、お着替えのタイミングやアロマを含ませたマスクの準備のタイミングなどのご提案も書き込んでおきました。

このメモは大変喜ばれました。ＣＡにメモを渡したものの、本当に受け入れてくれたのだろうか、忘れてはいないだろうか、という危惧《きぐ》を払拭《ふっしょく》できたから、とのことでした。

「今回のフライトは頼んだことを確実に、いや、それ以上の気配りで対応してくれるＣＡがいてくれる。だから安心して休むことができた」

という話を後から聞き、とても嬉しくなりました。

評判を上げ、信用を得るために、まずメモを取るところから始めましょう。

記憶を強化するメモの力

記憶を強化させるには、メモを取ることが最良の手段です。

学校に通っていた時は、漢字を覚えるのも単語を覚えるのも、書いて覚えました。耳で聞くだけよりも、体を使って覚えたほうが記憶は消えにくいということが、自然とわかっていたのでしょうね。

漢字を書いて覚える時には手と目を使い、心のなかで漢字を読み上げ、頭に叩き込む、というサイクルを踏みます。

このように、**体の多くの部分を同時に使えば使うほど記憶力は高まり、記憶時間も長く**

なります。私は科学者ではないので科学的に分析したわけではありませんが、周囲や自分自身の経験から、確信を持って言えることです。

学習と記憶力に関する研究をされている専門家のお話を聴いていたら、**印象（Impression）と回数（Times）の掛け算によって、私たちは学んだことを脳に定着させているという**理論を紹介されていました。頭文字から「**IT理論**」と呼ばれるものです。

大人になってからも、メモを取ることで記憶力はかなりよくなります。アメリカ公認会計士の試験前には、書いて読んで歌って踊って（体を動かす、手だけでも足だけでもよい）……と、単純記憶ではない、体を使った「連鎖記憶」に頼って記憶しつづけました。

何をメモすればよいのか

メモを取ったことのない人は、何をメモしてよいのかがわからないのではないでしょうか？

相手の発言を書きとめる場合、その発言すべてを書く必要はありません。というより、そんなことは無理です。話している人の言葉をすべて記述するのは、速記でなければできません。書く速さは話す速さよりも、遅いのですから。

ですから、話し言葉はかいつまんで、要点をまとめて記述します。

固有名詞やキーワードも、忘れずに書きます。

短いメモを見た瞬間に、その時の、その場のことが、まるで今、目の前で起きているかのごとくリアルに思い出せるような言葉であれば、なお結構です。

私は講演のオファーをいただく際、正式な文書でいただく前に電話や面談で相談されることが多いため、メモが必要となります。

たとえば、次のようなメモを取ります（次ページ）。

意外に忘れがちなポイントですが、**数字に関することはすべて正確に記載します。**日にち、時間、金額、資料レジュメの納期、人数などです。

メモを取りなれないうちは苦痛ですが、慣れてくると意識せずにできるようになり、便利だと感じるようになるはずです。それが、ファーストクラス常連客であるビジネスエリートへの第一歩を踏み出した時です。

メモでは「数字」が大事

株式会社〇〇〇〇化粧品販売会社様用
講演会 うちあわせ

【テーマ】
デリバリーカアップで売り上げアップ
〜おもてなしの心を形に〜〔仮題〕
（タイトルはご相談後変更もアリ）

昨　　年：形にとらわれ過ぎ、アンケート結果は悪い
今年の目標：わかりやすい言葉で楽しく明日から実践できる内容で

日　　時　2009年9月24日　13：00〜14：30〔90分〕
スケジュール調整必要

場　　所　千葉県幕張　△△△△ホテル
ボールルーム　確定

対 象 者：全国の販売店　9割が女性（35〜60歳）
雰 囲 気：人慣れしている　地区毎の座席
関西はノリ良し

代 理 店　◎◎◎◎◎株式会社
担 当 者　〇〇〇〇様
（女性30代　感じ良い。「ノリの良さ」多用。
学びながらも楽しい会にしたいと希望）

先方予算　〇〇万円

レジュメ納　〇月〇日迄送

メモを取るコツ

メモを取る時の例を挙げてみましょう。

「来月の16日水曜日にロンドンへ出張しなさい。◇◇エアラインの△時△分成田発のチケットをビジネスクラスで予約する。ロンドン支店では、○○案件についての最終会議が、18日現地時間午前9時から開かれる。そこへ本社を代表して君に出席してほしいと社長からの指名だ。くれぐれも粗相《そそう》のないよう気をつけて出席してくれ」

と部長から命令があったとします。この場合は、

「○月16日（水）ロンドン出張。◇◇エアラインビジネスクラス△時△分成田発。於：ロンドン支店、18日現地時間午前9時～○○案件の会議開催。本社代表として参加、社長命令」

とメモを取ります。

来月と言われた場合は必ず1月、2月、3月……と、何月なのかを正確に書きます。そして、必要事項を箇条書きします。部長の言った言葉で地名、日付、用件、目的を拾い上げて書くのです。

この時、社長命令が嬉しくて、

ファーストクラスの様子。カーテンの奥にギャレーが見える

トイレのシンクまわり。使われるたびに、CA が徹底的に掃除をする

「ビジネスクラスでロンドンへ。ロンドンでの会議に、本社代表として出席するよう社長命令があった!!　粗相のないようにと部長から言われた」

と書いたとします。これでは後になって、出発が16日なのか18日なのかはっきりしなくなったり、来月なのか今月なのかわからなくなったり、飛行機はいつ出発するのか不明で困った……といった状況になる危険性をはらんでいます。

後になってわからなくなり、部長に聞きなおしたり、今月だと思って支度をしてチケットをもらいに行ったら「まだだ」と言われて相手ともめたりしては、恥をかくだけではなく、信用を失くしてしまいます。

この人の帰りのフライト座席が、ビジネスクラスからファーストクラスへグレードアップされるか、されないかは、メモの取り方が大きく左右するのです。

ファーストクラスの成功者たちは、私の話した言葉の一部分をメモ帳に書いているだけでした。あとはじっくりと私の顔を見、相槌《あいづち》を打ちながら聞いてくださいました。

成功者は**話に集中してよく聴き、「これは大切だ」と思ったところを逃さずにメモを取ります**。そして、その行為で相手に感動を与える。やはり、どこを取っても隙《すき》がありませんし、無駄がありません。つまり、ぬかりがないのです。

「成功者はぬかりなく人生を渡り、非成功者はぬかるみにはまった人生を送る」

さあ！　あなたはどちらの生き方がお望みですか？

残したメモの使い方

メモは、自分がこれから行なおうとしていることが正しいか否か、確認するためのツールにもなります。

たとえば、上司の指示をメモしたら、その場で読み上げます。そうすれば、仕事を開始した時に思い違いはありません。

CAになってはじめて行なう仕事は、ギャレーでのお仕事です。搭乗準備の際に、お食事などの搭載品のチェックをします。

「本日の予約数○○名、搭載数○○　お子様用ミール○○　赤ちゃん用の食事○○　特別宗教食○○　粉ミルク＊＊（銘柄など）など　すべてOKです」

と、責任者に伝えるのですが、この時、口頭ではなく、メモに数を書いて渡します。

「責任者がメモを見れば、すぐに実数が把握《はあく》できるように、細かくメモを取って渡すことが必要だ」と、訓練所で教わります。

昔は「エキストラ」といって、余分の食事が搭載されていました。たとえばお客様数380名に対し、400トレー搭載したのです。しかし、現在はギリギリの数を搭載するケースがほとんどだと聞いています。数の把握はますます重要な仕事になっています。

どんな仕事でも、「ホウ・レン・ソウ」がとても大事です。メモを確認しながら報告・連絡・相談すれば、正確かつ確実に行なうことができます。

「あの案件は、どうなっているのか？」「大丈夫なのだろうか？」と、**上司が心配してイライラするようでは、大きなチャンスを与えてもらえません。**

上司に催促されるより先に、メモを見ながら自分が理解した内容を伝えることで、上司も確認ができ、安心できます。それによって、「気が利く」という評価を得られます。

一度信用を得ると、ちょくちょく仕事を回されます。仕事を請けることでどんどんチャンスが巡ってきます。

逆に、メモがきちんと取れない人はやる気がないと判断され、その結果、信用を失ってしまいます。したがって、大事な仕事は回ってきません。大事な仕事を任されない人が、どうやって成功者になれるでしょうか。

「チャンスの始まりはメモ」です。

気持ちを伝えるメモ

私はCA時代のある経験を通じて、「気持ちを伝えることの大事さ」を学びました。

有名な真珠会社の会長がファーストクラスにお乗りになられた時のことです。かなりご高齢でした。

洋食をお召し上がりでしたが、膝《ひざ》に載せたナプキンが床に落ちてしまいました。目がよくないらしく、お肉にかかっているグレーヴィーソースやパンくずが口の周りや膝、洋服についていても気づかれないようでした。

失礼かなと思いながらも、私は会長の横に座り、口の周りやパンくずなどを拭《ふ》き取り、食事が終わるまで食事介護のように傍《そば》につきっきりでいました。

会長は食後に「ありがとう」と私の手を握ってくださり、

「ジャケットを持ってきてください」

と言われたのでお持ちしました。

すると、胸の内ポケットから小さなぽち袋の大きさの袋を取り出して、私にくださいまいました。その中には「多謝」と書かれたきれいなカードと、加工されていない真珠が入っていました。

会長がおっしゃるには、海外でサービスを受けても、英語が話せないので気持ちを伝えられない。せいぜい「サンキュー」と述べる程度。だから**筆で「多謝」と書いたカードを手渡し、真珠で「ありがとう」の気持ちを伝えている**のだそうです。

私はさりげない心遣いがその小袋から伝わってきて、感動しました。

そして、周囲の人たちに感謝の気持ちをきちんと伝えよう、と思いました。

そのために、ＣＡ時代から今にいたるまで、メモを使っています。

「△△さまの件、ありがとう！　瞬時の対応に多謝!!　今度ランチでも」

「○○さん快挙！　△△航空合格数○○名突破♪　さすが！　合格請負人！」

といった具合に、**どんな小さなことでも（クドイと思われようとも……）感謝の気持ちをメモにして、スタッフに伝える**ようにしています。

相手と向かい合うと照れてしまい、正直な気持ちを伝えられないシャイな人には、この「感謝メモ」は特におすすめです。しかも文字にすれば、言い間違えや聞き間違えは起こりませんから安心ですよ。だから、いつでもメモ用紙とペンは欠かせないのです。

こんな小さなことでも、「ありがとう」の気持ちや激励の気持ちは伝えられます。また、相手の美徳に気づく感受性が豊かになりますし、コミュニケーション力や励ます力も養われます。さらに言葉を届けた相手から返事があれば、仕事の励みにもなります。

これは断言できますが、**メモを取って損をすることはありません。**コストはインク代とメモ用紙代くらいです。

メモ用紙代といえば、スタッフや登録講師が増えてきたので、「オリジナルのメモ用紙」をつくりました。といっても私の似顔絵をメモの下の方にプリントしただけのものですが、メモをもらった人が、

「美月さんっておもろい人だな〜。**自分の顔を美化しているね。**ククク」

と、にっこり笑ってしまうような演出を心がけています。

この程度の投資で、信用も印象も、そして記憶もよくなり、さらに社内のコミュニケーションにも役立ちます。お金では買えない貴重な〝徳〟もついてくるのです。

メモを使えばアイデア整理ができる。さらに出版も！

ファーストクラスの座席で、カードに何やら一生懸命書いているお客様がいらっしゃいました。大学で教鞭《きょうべん》をとっていらっしゃる先生で、論文のテーマを書かれているとのことでした。最初は思いつくまま、書きたいことを書きつけて、次にそれを整理して構成するのだとおっしゃっていました。

この次元までいけば、もはやメモによるアイデア整理法、メモによる思考法・発想法の領域ですね。

このメモ術では、一般的に**「情報カード」と呼ばれている市販のカードを使います**。胸ポケットに入る125ミリ×75ミリのものが最適かと思います。もちろん、それよりも小さい名刺サイズからもっと大きなものまで、サイズはさまざまですので、使い勝手のよいものを選んでみてください。

ファーストクラスのお客様には、Yシャツの胸ポケットに1、2枚のカードを入れて、メモ代わりに使っていらっしゃる方が多いようにお見受けしました。

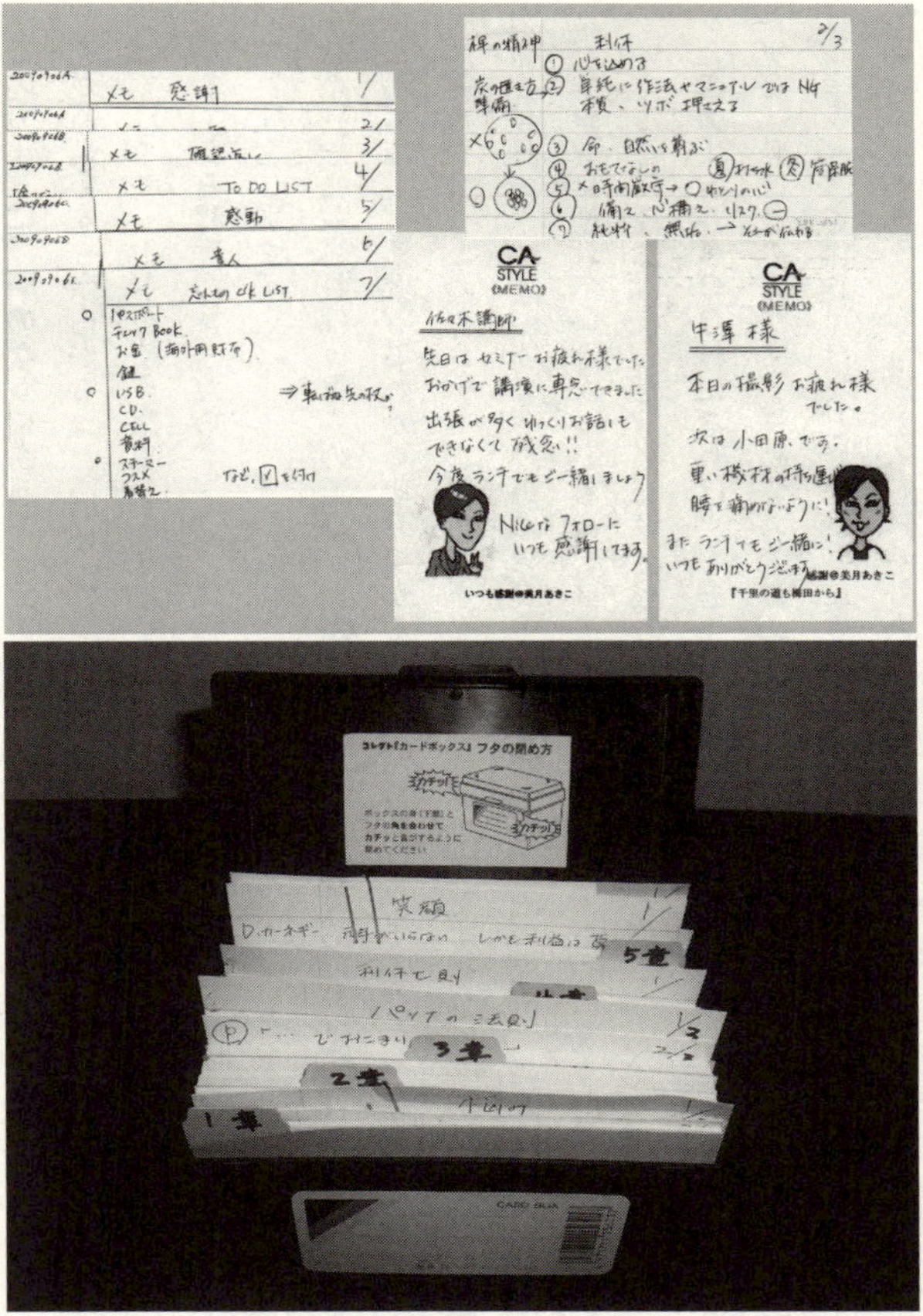

著者が使っている情報カードとメモ用紙、情報カード専用BOX

このカードに、頭のなかにあるアイデアをどんどん書き込んでいきます。1枚に1アイデアが原則です。余白がもったいなくてつい他のことも書いてしまいそうになりますが、それではこのカードを使う意味がありません。この原則は守ってください。

そしてある程度溜まったら、トランプを並べるがごとく、机の上に並べていき、アイデアの整理をします。

時系列順に並べれば、思考の道筋がわかりますし、重要であると思われる順番や優先順位に沿って並べると、これから取り掛かる仕事の順番が見えてきます。

問題点を書きとめたカード、解決策を書きとめたカードを集めれば、それぞれ、課題と方策が整理できます。また、ひとつのテーマを複眼的な視点で見直すことができます。

パソコンに慣れていなかった私は、メモカードにアイデアや心に残った言葉を書きためていくことに専念しました。アナログ派の私には適していました。

このカードが300枚になれば、本を1冊書けるほどの情報量になります。

実際、私はこの方法で、初めての著書『愛されて売る 魅せる販売術』（阪急コミュニケーションズ）を書き上げました。特に章立てを考える際には、カードを机の上に並べ、章の順番を入れ替えて、もっともしっくりいく順番に変更しました。

すぐにお礼状を出す

メモを取る習慣が身につくと、自分の気持ちをすぐに言葉にできるようになります。インプットの次はアウトプットという流れです。読書や人との会話で心に残った言葉をメモすることで、いつの間にか多くのフレーズを覚え、いつでも使えるようになったのです。

そのひとつの例が、お礼状をすぐに書くという習慣です。

私は研修や講演で出張することが多く、全国各地の方々と知り合うチャンスが多いのですが、**会ったその日のうちにお礼状を投函するようにしています。**

あらかじめ切手を貼ったお礼状カードを、バッグの中に入れているのです。そのカードに、読書などで心に残った印象的なメッセージを書き込みます。相手に届けたい感謝の言葉を添えるのです。

その地を離れる際に駅や空港のポストから投函するので、翌日には先方に届きます。受け取った方は、文章や字の上手《うま》い下手《へた》ではなく、そのスピード感に心を動かし、長く記憶にとどめてくださっているようです。

この習慣を続けたことで、あるクライアントからは1年前に、1年先の仕事のオファーをいただけました。感謝の気持ちを素直にきちんと伝える努力をした結果、相手からの感謝の気持ちをいただくことができた、というエピソードです。

健康管理に常に気を配っている

ファーストクラスを利用するビジネスエリートは、会社で重要な役についている方が多いですから、健康管理はご自分できちんとなさっています。

もちろん、健康だからこそバリバリと仕事をこなせるのでしょうが、健康管理といえば食事。**機内での食事にも、非常に気をつけていらっしゃいます。**

たとえば、サラダにかけるドレッシングに「マイドレッシング」を持参される方がいらっしゃるほどです。油はとらず、お塩だけという方もいらっしゃいます。

食事はおとりにならず、チーズとワインだけとか、お休みになる前にブランデーを楽しまれる程度の方もいらっしゃいます。

老舗《しにせ》料亭のお料理が供される食事であっても、「移動の時間は、休息の時間に充《あ》てたいから」と、食事類をキャンセルされる方もいらっしゃいました。

朝の時間を大事にする

最近、朝時間の使い方についての書籍を本屋で見かけたり、雑誌で特集されたりするようになりました。

それらに共通しているのは、「**朝は頭を使う時間、午後はルーティンワーク**」ということです。

起きてまずパソコンのスイッチを入れる、という人が多いと思います。次にするのが、メールのチェックではないでしょうか。メールを見てしまえば、返事を書きたくなります。1通や2通ならすぐ書けますが、1日に何十通、何百通と届く大量のメールに返事を書きだすと、それだけでヘトヘトになってしまいます。

せっかく**朝早く起きたのに、メールの返事書きで体力を消耗するなんて、とてももったいない時間の使い方**をしていることになります。

じつは、以前の私がそうでした。仕事が気になって仕方がないので、朝早く起きたとしても、ついついメールの返事を書いてしまったりしていたのですが、

「朝は、何かを生み出す仕事に使ったほうがいいんだよ」

と、ファーストクラスに乗られた作家の方が教えてくださいました。

ファーストクラスのお客様の話をうかがうと、ほとんどの方が早起きで、しかも深い思考の時間に充てていらっしゃいます。睡眠によって疲労を回復した後の脳の使い方として、見習う点が多いですね。

メールを書くよりも、企画や新しい商品のアイデアを考えるなど、何かを生み出す作業をするように、時間の使い方を変えましょう。

かくいう私は、早朝の4時半起きを目標にし、朝はこんなことをしています。

まず入浴。ストレッチをして体をやわらかくします。次にパソコンの電源をONにします。**メールのチェックをして「至急」と「普通」と「捨てる」の3つに分けます**。この分け方もファーストクラスのお客様の書類分類から学びました。それは、3つの袋を用意して書類を「必要」「必要かもしれない」「捨てる」の3つに分けるという方法です。

次に、3つに分類したメールのうち「至急」だけに返信し、処理済フォルダへ移動させ

ます。その他は未処理フォルダへ移動させます。

出社してからは、資料作成やスクールの教材チェック、うちあわせ、会議など、頭を使う仕事に専念します。そして午後は教える仕事に集中し、その日の夜、帰宅してから残りのメールに返信するようにしています。

新聞を定期購読する、これだけのメリット

ファーストクラスで新聞をお持ちしても、**朝刊を読みたいというリクエストはほとんど出てきません**。主要紙は、すでに読んできていらっしゃるのですね。

夕刊が搭載される時間帯の出発便の際には、ワゴンに伸びる手もチラホラありますが、朝刊は車やご自宅、そして空港ラウンジでお読みになっているようです。

ある時、夕刊に出たばかりの記事の内容を機内で聞かれて、困ったことがありました。

「君の会社、今期は大変な赤字だそうだね。旧経営陣の投資の失敗が要因と書かれていたけれど、会社ではなんて言われているの？　今回のボーナスにもかなり響くよね」

「はい。さようでございます」とは答えづらくて困ってしまいましたが、とっさに、
「こんな時こそ、応援してくださるお客様のために謙虚《けんきょ》に努力していく姿勢が大切だと思っています」
と、ありきたりな返事をしてしまいました。

このように、新聞記事を見ていないと本当に困ります。それ以上の会話が生まれないからです。

最近では新聞を取らない人、読まない人が増えているといわれます。社団法人日本新聞協会が公表したデータを見ると、一世帯あたりの購読する新聞部数は着実に減少を続けていることがわかります。1997年に1・18紙だったものが、2011年には0・9紙にまで減っています。

確かにニュースはネットで読むこともできるので新聞は取らなくてもよいのかな……なんて思いますが、**毎日取っていると、新聞を読む時間が1日のスケジュールのなかに組み込めます。**

新聞を毎日読むことで、社会現象や経済の流れを理解し、次にどうなるのか予測できます。そういう作業を通して、自分の持ち駒をどのタイミングで出し、使うのかという勘が

磨かれるのです。持ち駒とは、新商品や新たな企画、密《ひそ》かに練っている戦略などのことです。その駒を使うべきタイミングは限られており、そうたくさんありません。

それを知るために、日頃から新聞を読んでおくことが必要なのです。

ちなみに、私が主宰しているCA－STYLEでは、現役のCAの声を商品開発やサービス向上に役立てていただく「**空飛ぶマーケッター**」というサービスを行なっています。

女性でプロの接客業、しかも国内外での消費者としての声は大変人気で、お陰様でクライアント先からの評判はすこぶるよいものとなっています。このような声に積極的に耳を傾けることは、お客様の満足に一歩二歩と近づいていく戦略となるわけです。もしよろしければお問い合わせくださいね（笑）。

ファーストクラスは読書家ばかり――13時間で8冊読む人も

ファーストクラスのお客様の外見的特徴として、「身軽」が挙げられます。**大きな荷物**

を持ち込みすぎて荷物棚がいっぱい！　ということは滅多にありません。

女性のお客様でも大きなお荷物をお持ちの方は、あまり見かけません。バッグひとつに片手に本を持参、という方が多いです。

ファーストクラスに8冊の本をお持ち込みになり、次々にお読みになられているお客様を見たことがあります。私の経験では、この方の8冊が最高です。何線か忘れましたが、13時間のフライトで、1冊あたり1・6時間で読む計算になります。かなりの速読ですね。

情報のアウトプットをしない時には、インプットをする。それがファーストクラスのお客様の成功術のひとつなのかもしれません。

ファーストクラスに乗る人は、読書家が多かったように思います。読まれている作家は、司馬遼太郎《しばりようたろう》、池波正太郎《いけなみしようたろう》などが目につき、ジャンルでは伝記や歴史小説などが多かったようです。

ファーストクラスに乗る人特有の孤独感があって歴史上の偉人について書かれた本を求めていらっしゃるのか、あるいはビジネスエリートといえどもヒントを与えてくれるメンターを求めていらっしゃるのでは、と思います。メンターとは、仕事や人生に効果的なアドバイスをしてくれる相談者のことです。

私も無意識のうちに自分のメンターを探し、多くの方と出会いました。メンターは、相手から許可を得る必要はありません。勝手に自分のメンターにして、その人の本を読み、考え方を学べばいいのです。

ファーストクラスのお客様は、私にとっては最初のメンターです。間近で成功者にふれることができたのは、私の人生でとても価値あることでした。

コートのお預かりから見えてくること

ファーストクラスのお客様は、通常L1ドア（左側の第一番ドア）という一番前の非常口から搭乗されます。VIPのお客様ならVIPラウンジから、カバンを持ち首からIDカードをぶらさげた地上係員に伴われて搭乗されます。皇族や大臣、有名なスポーツ選手は、SPが空港内を先導しています。

秘書やスタッフなどの取り巻きの方たちとともに、ファーストクラスラウンジから搭乗されるというケースもあります。搭乗後、秘書やスタッフたちはボスをファーストクラスに残したまま、ビジネスクラスやエコノミークラスに着席されます。

私たちCAは非常口の近くに立って、

「○○様、ご搭乗ありがとうございます」

と言いながらお席までご案内し、ジャケットやコート、お荷物などをお預かりします。その時、感心することがあるのです。

コートやジャケットは、他のクラスでもお預かりするのですが、**ファーストクラスの方は、ご自身の衣類を本当に丁寧に取り扱います。**そして私たちCAが扱いやすいように向きを直してくださったり、コートハンガーにかけやすい向きにして持っていてくださったりします。

コートやジャケットを座席の背もたれにかけたままにしている方もいらっしゃいますが、創業社長の方は皆さん丁寧です。上着を背もたれにかけたまま、という姿は一度も見たことがありません。

自分の持ち物を大切にする。自分の持ち物は、自分の近くに置いておく。そしてCAに確実に引き継ぐという姿勢には、見習うべきものがあります。

さらに、こちらがお預かりする際には**「よろしくね」とひと言添えて渡されます。**たったひと言ですが、何も言わずに座席の背もたれにかけておくのとでは、まったく印象が違います。CAも人の子ですから、この方のお召し物を大切に取り扱おう、そしてよいフライトにしていこう、という気持ちになります。

そういえば、冬でもコートが必要ないという方がいらっしゃいました。その方の場合、送迎はすべてリムジンで、外を歩くことなどありません。「コートが買えないんだよ」なんて冗談交じりにおっしゃっていましたが、コートが必要ない生活というのもこの世界の方にはアリなんだなあと、考えさせられました。

靴は人目につかない場所に揃える

ファーストクラスのお客様は、飛行機に乗り慣れている方が多いということもあり、**機内での過ごし方にはご自身のスタイルを確立**されています。

コートやジャケットをCAに預け終えると、座席周りにバッグを置き、最初に革靴を脱ぎます。靴を脱いで機内にプリセットされているスリッパに履《は》き替えるのですが、この時スリッパの中に入っているミニ靴べらを取り出して、ご自分の脱いだ靴の中に入れ、**人目につかないよう、きれいに揃えて通路から遠い位置に置きます。**

他人に靴の中を見られるのは、お財布の中身を見られるのと一緒。気恥ずかしさを覚えます。人間は足の裏の汗腺から汗や脂を出して、無意識のうちに体温調整や新陳代謝を行なっています。靴下やストッキングを通して、汗や脂は靴の中ににじみ出ます。それによってシミになったり、カビが発生したりして汚れや悪臭の原因になるわけです。

その汚れを他人に覗かれると、自身の恥部を他人に見られているように感じ、恥ずかしくなるのです。同様に、他人の靴の中は見たくないものといえるでしょう。

ファーストクラスのお客様は、**「汗や脂で汚れた靴の中を他人に見せるのは失礼だ」という礼儀**を心得ておられます。また、誰も他人の靴の中など見たくないものだから、できるだけ見せないようにするのが気配りであることをご存じなのです。

日本には、家に上がる際に靴を脱ぐ習慣があります。玄関で靴を脱いで上がって、体の向きをかえてしゃがみ、自分の靴の向きを変えます。さらに自分の脱いだ靴を端に置きます。これは次に上がる人への配慮。周りの人への気遣いです。

ファーストクラスは、他人に気遣いができる人たちの空間なのです。

反対に、靴の中身を人目にさらされることに羞恥心《しゅうちしん》を感じない人は、ファーストクラスの空間にはそぐわない人なのでは、と思います。

他のクラスで、

「おーい、オレの靴が見えなくなったんだけど探してくれないか」

といわれ、担当のCAが探していたら、別のコンパートメント（客室）までずるずると転がっていたという話もあります。小さなお子様が、転がっている靴を床で遊びながら別のコンパートメントまで持っていってしまったこともありました。ファーストクラスでは絶対に考えられない事件（？）です。

ペンを持っていないお客様はいない

機内サービスの中のメインイベントである食事のサービスが終了すると、免税品の販売や入国書類の配布や就寝前の準備で、CAたちは結構あわただしくなります。

ビジネスやエコノミーのクラスでこのタイミングに通路を歩いていると、最低10人ぐらいから、

「ペンを貸して」

と頼まれます。

言葉もなくいきなりブラウスの胸ポケットにすっと手が伸びるので「キャー、セクハラ！」と自意識過剰に振る舞っていたら、そうではなくてペンを取ろうとしただけだったようです。

私たちは通常2本、ブラウスのポケットにボールペンを入れていますが、2本では足りないのでお客様から返却していただいたらすぐに、次のリクエストのあったお客様へと順々にお貸ししていきます。

それを繰り返していくうちに、「あれ？　私のペンは？」と行方不明になります。仕事前は確かに2本あったペンが0本となり、仲間のクルーのペンを貸してもらい、そのうちそれを返し忘れ……こんなことの繰り返し。なくなるのとは反対で、**見たこともないペンが胸ポケットに7本入っていたこともありました**。ですからクルーのペンは安物のペン（失礼！）が多いのです。

その点、ファーストクラスのサービスをしていて、「ペンを貸してください」と頼まれることはありませんでした。少なくとも私は経験がありません。インク切れだから貸してといわれたことはありましたが、**「ペンの持ち合わせがないから貸してくれ」とリクエストされたことは記憶にありません。**ペンを貸さなくてもいいのは、ファーストクラスのお客様たちに、常にメモを取る習慣があるからこそです。

書くものを探している様子の方がいらっしゃったので、

「お貸ししましょうか？」

と声をかけたところ、

「コートの胸ポケットの中に入っているから、取ってきてもらってもいい？」

と言われたことがあります。あくまでも、ご自分のペンをお使いになることにこだわられていたわけです。そして、コートの胸ポケットからお席までお持ちしたそのペンは、ずっしりと重厚感のあるものでした。日頃使うものにもこだわりを持ち、大切な道具として大事に使われていることがわかりました。

ファーストクラスのお客様の道具へのこだわり方は、自分自身の道具を振り返るきっかけとなり、とても参考になります。

ファーストクラスの手帳はとてもシンプル

手帳についても、ふれておきましょう。

ファーストクラスのお客様の手帳は、とてもシンプルです。時系列にカレンダーが記されている超アナログタイプのものがほとんどです。そして、メモができるスペースが設けられています。彼らはそこに何でもメモするのです。単行本の3分の2の大きさのものが多く、分厚い多機能タイプはあまり見ません。

また、**やるべきことをランダムに書いて、そこに番号をつける方もいらっしゃいます。**やるべきことの優先順位がわかるので、合理的な方法です。

メモすると、すぐにやるべきこと、すぐではないができるだけ早くやったほうがよいこと、いつでもよいがやるべきことなどが視覚化できます。目標が明確になり、精神的に安心するからイライラしないというメリットがあります。

手帳選びの意外なポイント——六曜《ろくよう》があるかどうか

さて、あなたの手帳をよく見てください。**その手帳には「六曜」が記されているでしょ**

うか。

「六曜」とは、ご存じのとおり、「先勝《せんしょう》」「友引《ともびき》」「先負《せんぶ》」「仏滅《ぶつめつ》」「大安《たいあん》」「赤口《しゃっこう》」のことです。日本ではこれらが、非常に大きな意味を持ちます。結婚式は大安に行なう人が多く、お葬式は友引を避けるなど、日常生活においては、主に冠婚葬祭の日取りを決めるのに使われることが多いようです。

これをビジネスで考えてみましょう。

企業は、新製品の発表や世間にアピールしたいニュースを大安の日にぶつけてくる傾向があります。同じように考える企業がほとんどですから、大安の次の日の紙面はそうした記事がひしめきあいます。

ですから、そうした日をはずして発表する、ということを考えたほうがよいかもしれません。

六曜とは関係ありませんが、芸能界でもゴシップ記事の掲載のタイミングには、巧みな戦略が隠されています。イメージのあまりよくない件に関する発表は、翌日にワイドショーの少ない金曜日や土曜日など、「曜日」を選んでいることが多いのです。

これと同じように、自社が発表したいニュースをどれだけ大きな扱いにしてもらえるかは、手帳で六曜を確認し、他社や社会の動きをきちんと押さえて手帳に書いておくことができるかどうか、にかかっています。

「これこそは我が社の社運をかけた一大ニュース」を発表した日に、他の大きなイベントやニュースが重なってしまったら、記事にしてもらいづらくなります。取り上げてもらったとしても、小さな記事にしかならない可能性が出てきます。

たとえば、社会を揺るがすような大きな事件の最高裁の判決日は、各社がこぞってその判決結果を報道します。判決だけではなく、事件のバックグラウンドから何から何まで、かなり詳細な記事になります。そんな日とぶつかっては、せっかくの社運をかけたビッグニュースの宣伝効果は、かなり薄れてしまいます。

「それは運が悪かった……」と思うようでは、残念ながら、仕事のできないビジネスパーソンです。こうした判決の日は、あらかじめ決まっています。他社のリリースとかぶってしまいインパクトがかなり薄れてしまうという大失態も、リサーチ不足が原因です。

手帳は、ただのスケジュール管理だけではなく、**有能なビジネスパーソンとしての評判を高めていくツールとして、徹底的に活用すべき**です。

こんなお客様も乗っているの!?

嘘でしょ！ スーパーアイドルはニベアしか使わない？

スーパーアイドルのSちゃん。結婚をし、お子さんが大きくなって、同じステージに立つこともあるような年齢になっても、その輝きは、衰えていません。透き通るような美しいお肌の持ち主です。

Sちゃんの大ファンだった私は、思い切って美しいお肌の秘訣を聞きにうかがいました。すると「ニベアを塗ってるだけで、何もしていませんよ」とのこと。「うそだ～!!」と叫びたかったのですが、ご本人の手前そうもいかず、お礼を言って、すごすごと引き下がってきたのですが、ニベアだけのわけ、ありませんよね……。

オレオレ詐欺ならぬオレオレアイドル

誰も見ていないのに、格好をつけて食事中もサングラスをかけたりはずしたり（笑）という男性芸能人もいらっしゃいました。

食事後は、散歩と称してエコノミークラスの座席のほうまで歩いていきます。

当然、彼に気づいた乗客はざわめき始めるわけですが、それが彼にとっての人気のバロメーター。自分は有名人なんだということを自分で行なう、確認作業のようでした。

　私とお話ししている時も、目が泳いでいるというか、会話に集中していない。「君と話しているところを誰かに見られている僕」を意識しているようでした。

3章

ファーストクラスのお客様の話し方・聞き方をビジネスに活かす

ファーストクラスでの食事3
松茸のコンソメスープ

ファーストクラスのお客様は、ＣＡのサービスに対して、じつに気持ちのよい対応をしてくださいます。礼儀正しくスマートで、ＣＡへの気遣いにあふれています。

しかも、時にユーモラスであったり、知的であったりします。心憎いほど魅力的な振る舞いも数多く目にしてきました。

本章では、ファーストクラスのお客様の話し方・聞き方をご説明し、実際のビジネスに活かす方法を紹介します。

ビジネスエリートたちとの会話は、あっという間に時間が過ぎる

ファーストクラスでは、個人のペースに合わせながらゆったりとした、くつろげる空間を提供します、と書きました（38ページ）。ですから、私たちＣＡのほうから気やすく話しかけて、お客様のペースを乱すことはできません。

しかし何かのきっかけでお客様との話が始まると、ふと気づいた時には「もう30分もお

話していた」ということが何度もありました。

お話し上手な方との会話は、あっという間に時が流れていきます。

ビジネスエリートたちとの会話というと小難しい単語がたくさん出てきて、「こちらの頭がついていかない」なんていう状態を想像されるかもしれません。

でも、彼らとの会話は、そんな想像に反して、**「わかりやすい言葉でわかりやすい言い回し」を使われるので、とても理解しやすい**ものです。

会話は相手に伝えて、理解させ、さらにその後、行動させなければ意味がありません。

ここでいう「行動」にはいろんな場合がありますが、まずは返事をさせるということです。**返事がまともに返ってこないのは、聞き手があなたの話の内容を理解していないという意味**です。

コミュニケーションの基本は、「発信」と「受信」。この2つの要素から成り立っています。しかし、情報を出しても相手が理解していなければ、発信したことにはなりません。

「あなたの伝えたいことは、こういうことですね」

と相手に理解してもらって、初めて相手に受け入れられたことになるのです。

これは「オートクライン現象」といい、生物学用語で「endocrine 内分泌」を意味する言葉です。わかったつもり、伝えたつもりだけでは、真のコミュニケーションとはいえません。本当のオートクライン現象は、きちんと相互理解が得られていることなのです。

声の重要性に気づいている人、いない人

声の重要性をあまり意識していない方が多いように感じます。声なんて、持って生まれたものなのだから変えようがないと思っている方は損をしている、かもしれませんよ。

最近、テレビを見ているとテロップの多さが気になります。よく聞いてほしい強調したい言葉を、テロップをつけて放送するのはわかりますが、理由はそれだけではないような気がします。

話し手の滑舌《かつぜつ》の悪さが、その一因なのではないでしょうか。うまく聞き取れないから、テロップをつけて補足しているように思えます。

テレビのバラエティ番組などでしたらそれほど気にすることはないでしょうが、経営者の滑舌が悪くて何を話しているのかわからないのは、大きな問題です。企業理念やミッシ

トイレの窓ガラス。左にあるボタンを押すとすりガラスがクリアに

↓

用を足しながら景色を楽しむサービスだが、意外にも不評とか…

ョンを、社員にきちんと伝えることができないからです。つまり、気持ちを共有することができないということになります。

それに対して、**ファーストクラスのお客様の声は、非常に聞きやすいという特徴があります。**機内はエンジン音が絶えずしていますから「お客様、もう一度お願いいたします」ということが多いもの。しかし滑舌がよく、よく通る声をしている人が多いので、聞き取りやすいのです。

これは、自分の声を相手にきちんと伝えることの重要性を、ビジネスエリートが日頃から意識しているからだと思います。

クレームの際に、「どうなってるの！」と高音でキャンキャン騒ぐ人がいますが、それよりも効果的なのは、低音で言葉少なく伝えることです。

「こんなことがあったけれども、間違いではないか。本来こうあってほしいのだけれど」というように、落ち着いて、ゆっくり話すのです。ファーストクラスには、このようなしゃべり方をするお客様が多いのです。

声の重要性に、もっと重きを置くようにしましょう。

よい声を出すにはまずよい姿勢

よい印象の声を出すには、姿勢がとても大事です。

肺は、肋骨《ろっこつ》に守られた風船だと考えてください。ひとりで勝手に動く力はありません。肋骨や、肋骨についた胸筋が風船を広げたり縮めたりしながら呼吸をしています。風船は大きいとたくさんの空気をストックできるので、大きくて張りのある声を出すことができます。じつは下を向いたうつむきかげんのほうが呼吸は楽です。しかし、よい姿勢を取ると腹圧がかかる（横隔膜《おうかくまく》が下がる）ので、風船が大きくなるのです。

腹筋を使って肺の下に位置する横隔膜を下げることで、腹式呼吸ができます。よい姿勢を取ることで、大きくハキハキした声が出るようになります。

反対に、うつむきかげんの姿勢では呼吸は楽ですが浅くなり、腹式呼吸ができません。したがって声が小さくなり、元気のない声になってしまいます。

腹式呼吸のし方をお教えしましょう。

1. 背筋を伸ばし、おへその下（丹田《たんでん》）に力を入れます

2. **左右の肩甲骨《けんこうこつ》をくっつけるようにして寄せ、肩の力は抜いて下げます**
3. **顔を前に向け、視線は真っすぐに前を見ます**
4. **鼻から息を吸いながらおなかをふくらませます**
5. **口から「ス〜」と音を出しながら息を吐きます**

このトレーニングを続けると肺活量がアップし、大きくて張りのある、はっきりとした声になります。

それから、**声にメリハリをつけることも、とても大事**です。同じトーンで一本調子で話されると、おもしろい話もおもしろくなくなります。

興味を持って聞いてもらうには、大きく強めに話すところと、少し抑《おさ》えめの声で話すところなど、強弱をつけることが肝心です。この声の強弱に加えて、しゃべるスピードを少し速くしたり、少し遅くしたりして、一本調子にならないよう変化をつけるのです。

たとえば最初のツカミの部分やそれほど重要でないところは、明るくみんなに呼びかけるような話し方で、大事な箇所や相手を説得する時はトーンを下げて低めの声で話すと効果的です。

「予告」と「確認」が大切

あってはいけないことですが、機内でのサービスに不備が生じることがあります。たとえば、食事をお出しするタイミングや下げる際の声がけ、白ワインやシャンパンの冷え具合などです。

ワインの周りにドライアイスをたくさん入れすぎたために、冷えすぎを通り越して凍ってしまった、そんな失敗も時々あります。凍ってしまったシャンパンやワイン、ビールは品質が下がるので捨てるしかありません。

お客様が航空会社のサービスに不満を感じた場合、それを航空会社に伝えるには、３種類の方法があります。

1．コメントカードに記入してＣＡか地上スタッフに渡す
2．航空会社の窓口に口頭で伝える、あるいは電話、ウェブサイトから伝える
3．気に入らなかった点を記した手紙を航空会社に郵送する

エコノミークラスやビジネスクラスでは、いきなり「どういうことなんだ！」と、怒りをその場で直接ぶつけられる方がいらっしゃいます。

いっぽう、ファーストクラスの多くの方は、「今、話してもいいかなあ」と、**これから話すぞということをまず予告されます**。そうすると「あっ、何かあったな」とCAにも覚悟ができます。そして、ひと通り話をされたあと、私たちが正確にお話の内容を理解したかどうか確認をされます。

こういったことを何度も体験し、「予告してから伝える」ことはスキルだと感心しました。核心にふれるまで、CAには少しの猶予が与えられるので、冷静に受け答えができます。また、予告してから不満を述べられるお客様も、感情的な物言いになることはありません。ですので、経緯説明から改善方法まで、**「お客様と一緒に同じ方向に向かっている」という意識**が生まれます。

彼らは、起きたことにこだわっているわけではありません。それよりも、同じ間違い、失敗をしないでほしいと考えていらっしゃいます。**過去の経験を踏まえて、未来を見ていかなくてはならない**と考えているのです。

ファーストクラスはクレームの伝え方も見事

ファーストクラスのお客様のクレームの伝え方は、たとえば、こんな感じです。

「今、ちょっといいかな。今日のサービスについて気づいたことがあるんだけれど。コメントカードに書こうと思ったんだけど、直接話したほうが伝わると思うんだ。手が空かなければ、文字で残しておくから時間のある時に読んでおいてくれるかな」

ここまでが「予告」ということになります。私たちはプロの接客業。お客様にそこまで言われると、何としてでもお客様のお話を聞かなくては、と思うもの。

その内容はというと、

「今日のワインは最適温度にしていたのかな。2食目もワインを飲みたいんだけれど、別のものがよいだろうか」

最後が「確認」になっています。

お客様からすれば、そうとう言いづらいことだと思いますが、いきなりクレームを口にするというスタイルを取っていません。すこぶる紳士的です。「予告と確認」を意識して**クレームを伝えれば、メッセージの受け取られ方はかなり違ってくる**と思います。

「こんなまずいワイン、よくもまあ客に出すなあ」

と、いきなり出し抜けにクレームを言い出されたら、ＣＡは頭にくると同時に「あんたにワインの何がわかるのよ。どうせ普段からロクなもの飲んでいないくせに」と思わず心の中でつぶやくかもしれません（失礼いたしました）。

「つべこべ言わずに、早くワインを持ってこい」

と命令されたら、ムッとした気持ちになります。逆に、

「今じゃなくてもいいから、手が空いた時にでも、別のワインを持ってきて」

と依頼されると、すぐに持っていきたくなります。

「自分がこの人のワインを責任持ってサービスしよう」という気持ちが芽生えるのです。自分がドラマの登場人物になったような、いわば当事者意識が芽生えるのです。お客様の応援者になったような気持ちも芽生えます、「この人のために早く冷たくておいしいワインをお持ちしよう」と。

相手が抱いている「**しなくてはいけないから、嫌だけどする**」という**義務感**を、「**私がしなくては**」という**責任感に変えられる**。そんな話し方ができる人は、一流の人といえるでしょう。

口下手な人もすぐに使える「オウム返し」

「□□様、いつもご搭乗ありがとうございます。本日担当いたします、美月でございます。何かございましたらご遠慮なくお申しつけくださいませ」

「ああ、今日担当してくれる美月さんね。どうぞよろしくね」

なんのへんてつもない会話のように思われるでしょうが、相手の話の一部を繰り返す、この**「オウム返し」はとても効果的です。**口下手な人、会話力に自信のない人は、どうぞお試しください。

相手が言ったことの一部を繰り返す行為は「バックトラッキング」ともいいます。相手の言葉をそのまま繰り返すだけです。**どんなに口下手な方でも、あら不思議。会話が続いていきます。**

会話の基本は、相手を受け入れてあげることです。同じ言葉をただ反復するだけで相手を受け入れることになるのですから、すぐに使えますよね。

テレビ番組「笑っていいとも！」で、司会のタモリさんがゲストの言葉をオウム返ししているのを聞いたことがありませんか？

「タモさん、私ダイエットしたんですよ〜」

「え、ダイエットしたの？　あ、そういえば痩《や》せたね。どうやってしたの？」

という感じです。

誰しも自分の話が相手にちゃんと伝わっているのか不安でたまらないものです。この不安をちゃんと解消してあげるのが、オウム返しなのです。

ファーストクラスのお客様は、この技法を何気なく自然にお使いになります。

「到着地案内の地図がほしいんだけど」

「かしこまりました。こちらに簡単な地図が記載されております。それから到着後ドアサイドに地上係員が待機させていただいております。地上係員は機内での地図とはまた少し異なるものもご用意しております。そちらもご希望でしたら、お降りになりました際にご手配いたしますが？」

「地上係員がいるわけね。それじゃあ、その方に聞いてみるわ」

というように、必ずポイントとなることを、オウム返しされるのです。

誰かと話していて、相手に話の内容がきちんと伝わっているかどうか、確認したくなることがあります。電話番号の確認が身近な例になりますが、**「繰り返して」とこちらが言**

う前に相手が自発的に復唱してくれると、非常に安心します。ここが、話が通じる人と通じない人の分かれ目なのかもしれません。

相手が自分の話を理解しているかどうか確認しないまま話を進めて、やっぱり違ったということになると、軌道修正するのが大変ですし、二度手間になります。お互い、忙しいビジネスパーソンなのですから、しっかり確認をして、効率よく確実に会話を進めましょう。それが、できるビジネスパーソンの仕事術というものです。

会話が弾むよい質問・会話がすぐ終わる悪い質問

「へえーなるほど、それで？」

ファーストクラスに乗るお客様は、**とても好奇心旺盛**です。特に、創業社長の方たちにそれを感じます。そんな方たちとの会話は、ついつい長くなってしまいます。

会話が弾むためには、効果的な質問が必要です。

質問には、よい質問と悪い質問があるということに注意してください。

悪い質問とは、相手が頷《うなず》いたり、「はい」「いいえ」で答えられたりする質問のことです。これでは会話が弾みません。

これに対してよい質問とは、そこから話が発展していく質問です。

いわゆる、Closed Question《クローズド・クエスチヨン》とOpen Question《オープン・クエスチヨン》です。

たとえば、「機内でずいぶん歩くみたいだけど、疲れない？」というクローズド・クエスチョンの質問だと、「いいえ、それほど疲れませんよ」としかお答えしようがありませんが、

「機内でずいぶん歩くみたいだけど、どのくらい歩いているの？」

とオープン・クエスチョンで聞かれれば、

「1回のフライトで、1万4000〜1万5000歩、歩くんですよ。ニューヨーク線の帰り便は向かい風の影響でフライト時間も長いので、3万歩も歩く場合もあります。お客様が皆起きていらっしゃるのでリクエストも多いのです。お仕事をしながらダイエットさせていただいております」

とお話ししますし、

「時差調整はどうしているの？」

と聞かれれば、

「到着してからジムに行って、まずひと泳ぎします。絶対に寝ないことです。その時は、買い物につきます。私たちは買い物をしだすと、闘争本能がメラメラと体内から出てくるからでしょうか。眠くならないんですよね。それから、就寝前にメラトニンを補給するのもいいです」

などと答えることができます。

メラトニンとは、睡眠を促《うなが》し時差ボケの解消に有効な物質のことですが、サプリメントも売っています。

「メラトニン？ どんなものなの？ 安く手に入れるにはどうしたらいいだろう？」

などと、さらにお尋ねになることもあります。

ファーストクラス利用のお客様にとって値段はあまり関係ない話だと思うのですが、興味深げに聞いてくださるので、こちらもついいろいろとお話ししてしまうのです。

「へえ、君たちはやっぱりプロ意識高いよね。これだけの重労働をこなして、そのうえ水泳もするなんて。頭が下がるよね。感心するよ」

などと、本心かどうかはさておき、私たちのコメントを復唱しながらほめ言葉を入れるという、見事な対応をしてくださいます。

このように、ファーストクラスのお客様は相手の言うことに関心を持って質問をしてくださるのですが、「オウム返し」を使うことで、さらに会話を発展させていきます。学ぶべきところが多いなと感じました。

ビジネスエリートの絶妙な質問、3つのポイント

会話を盛り上げるには、「質問の仕方」のテクニックが必要です。その**会話をもっと深く掘り下げ、もっと広がるような質問**の仕方がポイントです。

ファーストクラスの方は、本当に興味を持って人の話をお聞きになります。

「それで？」「へぇ～どんなふうに？」

とどんどん質問をしてくださるので、こちらもその気になって、いろいろとお話しさせていただきます。

また、その質問が絶妙で、**話している間に話している本人が、「あ、そうか」と気づく**

ような内容なのです。どんどん引き出してくださいます。まるでコーチです。

あるフライトで、お客様からこんな質問をされました。

「君たちって僕たちなんかと比べて、仕事自体が飛行機での出張でしょ。僕はいつも時間をかけて準備する割には忘れ物が多かったりするし、荷物が多くなったりするけれど、出張の達人として何か秘訣でもあるの？」

秘訣といわれても……しかし、「出張の達人」とは何だか嬉しいなあ……と感じながら、毎回行なっている私なりの流儀をお伝えしました。少し長いやりとりですが、質問に答えている間に私が気分よくなり、それに比例して私の知識がどんどんあふれだしていく過程を感じてください。

「毎回のことなので必要なものは入れたままです。そして、重いものは下側（底側）、軽いものは上になるように配置いたします」

「うん、うん」（大きく頷きながら）

「スーツケースをさらに4分割にして、各ブロックごとに風呂敷やジップロックの袋などにまとめます」

「ジップロックってあの台所用品の？」

「あ、さようでございます。あれです。圧縮袋を使う時もございます」

「え？　布団の？　小さくするため？」

「はい。布団用の大きなサイズだけではなく小さなサイズもございますよ。テレビショッピングでお得な時に買いためておきます」

「そうだよね、君たちは出張ばかりだもんね。ストックは必要だよね。さっき風呂敷って言ってたよね。どうして風呂敷？　好きなの？」

「風呂敷は、特にちりめん風呂敷がおすすめです。吸水性に優れているし、凸凹《でこぼこ》した生地が衣類やアクセサリーなどを包むのに適しています」

「あ～なるほど、クッションの役割ね」

「さようでございます」

「いいね、風呂敷」

「はい。それにホテルに到着後、疲れていると荷物を出すのは面倒なので、風呂敷に包んだセーターなどはクローゼットの引き出しに結び目を解いて、そのまま入れます。ダイレクトに入れると木目に引っかかったりしてセーターの糸がほつれたりしてしまいますので。そのままストンと」

「風呂敷はよくもらうけど、使わないなあ。それを使うといいわけね？」

「はい、さようでございます」

「乾燥対策とかどうしてんの？」

「バスタブにお湯を張ったり、タオルをぬらしてかけておいたりしますが、私は扁桃腺《へんとうせん》が腫《は》れやすいので、ポータブルの加湿器をスーツケースに入れております」

「そういえば加湿器を現地のホテルで借りようとして、断られたこともあったよ」

「そのほかに、檜《ひのき》やお茶の香りのオイルを入れてリラックスするようにしております」

「なるほどね。ところで、どこのスーツケースがいい？　おすすめある？」

「ビルの15階から落としても壊れないスーツケースがあります。アメリカは同時多発テロ以来、セキュリティが厳しくて基本的にはすべて開けられますので……（延々と続く）」

「よく知ってるね」

これほど長く会話が続いたポイントは、以下の3点です。

1　「僕はいつも時間をかけて準備する割には忘れ物が多かったりする」という**ご自分の失敗からスタート**されている。このひと言があったから、私も自分の手の内を明かすようにしゃべることができたのでしょう。

2　**共感の返事**もキーポイント。お客様は前述した「オウム返し」を実践されています。

3　**私が少し前に発した言葉をよく覚えていらっしゃること**に感心しました。

クッション言葉でスムーズに依頼する

ファーストクラスのお客様は、メモをＣＡに渡される時も、高飛車な態度で話しかけることはありません。「忙しいところ悪いんだけど」「手数をかけるんだけど」「手が空いた時でいいから」など、常に「クッション言葉」を忘れずに声をかけられます。

クッション言葉とは、何かを依頼する時や断る時、ややネガティブな内容のことを伝える時などに使われる言葉で、**本題の前に軽く添えてクッションの役割を果たします。**

「申し訳ないですが」「恐縮ですが」「残念ながら」「あいにくですが」などが、その代表です。

本題の前にそのようにひと言添えていただくと、何を措《お》いてでも、して差し上げたくなります。それが接客業に身を置くものの本能です。

「ありがとう」のひと言で相手を巻き込む

「ありがとう」という言葉も、とても大事です。

ファーストクラスのお客様は、飛行機から降りる時に、CAに「ありがとう」「お疲れ様」とひと声かけてくださいます。

これは、CAの立場を認めてくださっているということです。

本当の**ビジネスエリートは、「あなたがいたから、これができた」と、表舞台に出ていない人にもきちんと感謝の気持ちを伝えます**。これは、仕事の能力やスキルとは別次元の「人間性」の問題になってきます。

特にゼロからスタートした創業社長は、相手の立場、地位、仕事ぶりを認めたうえで、人に接してこられたのだなあ、とリアルに想像できます。

人の気持ちがわかる人とわからない人とでは、仕事の結果に大きな違いが出てくると思います。

成功している人は、「巻き込み名人」です。他人を自身の魅力で上手に巻き込み、ファンにするということです。この人を応援してあげようと考える人が1人、2人と増えていったことも、名だたる創業者たちの成功の要因ではないか、と私は考えています。

その時のキーワードが、「ありがとう」ではないでしょうか。

実は、沈黙も大切

ファーストクラスのお客様は、どんな話し方をなさると思いますか?

何人かに尋ねてみたら、「声が低く、ゆっくりと、わかりやすく、丁寧に話しそう」という答えが返ってきました。

そうです。ほぼあたりです。しかしもうひとつ重要なポイントがあるのです。

それは、「沈黙」です。高倉健《たかくらけん》さん並にずっと沈黙するのではなく、しばしの沈黙(あ、

ちなみに高倉健さんは、機内では結構お話しになりますよ。高倉さんと面識のある上司が

おりましたので、よく存じあげております）。

失礼、話題は「**沈黙の使い方**」でしたね。どんな時に有効かといえば、たとえばCAのサービスに注文をつける際なら、前述した予告の言葉やクッション言葉を使って切り出したのち、しばしの沈黙をはさむのです。それだけで、こちらは次に重要な話が始まることがわかります。だから相手が発する言葉をひと言ももらさず聴こうと覚悟します。

講演や講義、プレゼンテーションの場でも、**最初に一瞬のポーズ（沈黙）を置く**と、「今から何か重要な話をするのだろう」という注意喚起になります。聴衆の意識がひとつに集中し、一瞬「シーン」となります。そこで話し始めます。

機内アナウンスもポーズを入れます。それは、重要な箇所の前です。

たとえば、到着時刻や到着地、通過地点、到着地の天候などを伝える前に、ほんの少しの沈黙をはさみます。機内アナウンスはPA（パブリックアドレス）と呼ばれ、情報をわかりやすく伝えることがもっとも重要だからです。

このように重要な話をする前には、ひと呼吸置くと効果的です。聞くほうも「大事なこと」だと思って聞きますから、ポイントが頭に入りやすくなるのです。

話すことがたくさんあるからと、あれもこれもと矢継ぎ早に言っても伝わりません。話は間合いも、非常に大切です。

いかにして、話し相手の緊張を解きほぐすか

あるフライトで、工業デザイナーが搭乗されていた時のことです。最初は雑談、世間話だったのですが、途中で「そうだ!」とおっしゃり、「起案したパターンなんだけど、女性の立場だったら、どれがいいかなあ」と、そこにいたCAにお聞きになり始めました。私たちは、好き勝手言わせていただきましたが、とても楽しい時間でした。

ファーストクラスのみなさんには、人をリラックスさせる不思議な力があります。

まず、ご本人がイキイキしていて、相手の目をしっかり見てお話しになります。もちろん睨《にら》みつけるのではなく、笑顔です。そうすると、最初は緊張しながらお話ししていたこちらも、いつの間にかリラックスしていることに気づきます。

特に、ゼロから起業して成功をおさめた方は、相手をリラックスさせることに長《た》けてい

て、お話ししていて楽しく、しかも話していて学びが得られるような方々ばかりでした。ご自分の武勇伝だけではなく、過去の話をいろいろと分析して話してくださるので、おもしろくて価値のある話ばかりだと感じたものです。

ファーストクラスにお乗りになるのは各界の著名人ばかりですが、一部の例外を除いて、ほとんどの人が上から目線の話し方ではなく、**仲間と話をしている感じで接してくださるので、最初に感じた緊張はすぐに解けます。**

チーフパーサーやマネージャー、「1年違えば10年違うと思え」という先輩と話す時のほうが、私はよほど緊張しましたね（笑）。

心を開かせる16のポイント

ここで、会話の際に有効な「相手の心を開かせる方法」をご紹介しましょう。これは私が起業して人生の先輩方とお目にかかった経験から考え出した、独自のセオリーです。

①座る位置は、相手の斜めの位置が望ましい
②話をさえぎらないで最初から終わりまで聞く
③相手に正対し、時々相手の目を見る
④相手が言うことを予測して、結論を先回りして言わない
⑤声のトーンやその変化、表情、ジェスチャーなど言葉にならない情報を読む
⑥何があっても相手の言うことを否定しない
⑦相手が話している最中に、次に自分が何を言おうかと考えない
⑧適度に頷く
⑨顔全体で微笑む
⑩肯定的な相槌を打つ（ただし、「ハイハイ」と繰り返すのは×）
⑪少し前かがみになる
⑫腕組みをしたり、脚を組んだりしない
⑬話している相手に対して「指差し」のしぐさをしない（心理学では人に対して指を差すことは「私のほうが偉いのよ」という意思表示だといわれています）
⑭腕時計や携帯電話を見ない（「この場から早く立ち去りたい」という意思表示）

⑮髪にふれ続けない（不潔感を与える）
⑯相手が文句を言っていたら「○○だったんですね」「そんなことがあれば誰でも嫌な気分になりますよね」というように「はい」「そうなんです」という返事が必ず返ってくるような質問を投げかける

これらを心がけると、相手は「あなたに聞いてもらってよかった」と思い、好意を持ってくれます。好意と同時に、心もだんだん開かれてきます。誰かの話を聞く時は、誠意をもって、まずこちらの好意をアイコンタクトや笑顔で伝えましょう。

本音は肩から下に表われる——話を聞く時の注意点

相手の話を聞く際の注意点も、ひとつ挙げておきます。

動物行動学者のデズモンド・モリスは、「人の本音は肩から下に表われる」と発言しています。顔では取り繕《つくろ》っていても、深層心理で「嫌だ、おもしろくない話だ」と思っていると、無意識にペンを弄《もてあそ》び始めたり、貧乏ゆすりを始めたりするのだそうです。

体はそれほど正直だということですね。人の話を聞く際には、貧乏ゆすりをしないように気をつけてください。

そういえば、機内サービスの際に、よくお客様の貧乏ゆすりを目撃しました。エコノミーやビジネスに限られますが、長時間同じ姿勢でシートに座って狭い機内に閉じ込められていると、「ああ、苦痛だ」「じっとしていることに耐えられない」という気持ちが増幅し、貧乏ゆすりとして表われるのでしょうね。もちろん、快適な時間と空間を提供するファーストクラスでは、見かけない光景です。

こんなお客様も乗っているの!?

名前ではなく「機長」と呼んでください

キャビンアテンダントへのお客様へのリクエストには、まるで落語のオチのようなエピソードがたくさんあります。これはそのうちのひとつです。

あるフライトで、パイロットの格好でお乗りになるお客様がいらっしゃいました。肩に「機長」のしるしである4本線が入った制服、手にはフライトバッグ、胸ポケットにはフライトグラス（サングラス）という姿。「飛行機オタク」だそうです。

もともとビジネスクラスからのアップグレードで、東海地方の会社経営者。ファーストクラスには初めてのご搭乗でした。

同伴の秘書の女性は、20歳代後半。普通のスーツ姿で、社長と離れてビジネスクラスにお座りでした。そして食事タイムの途中、ファーストクラスに座っている、〝キャプテン〟になりきった経営者から、

「秘書を呼んでくれ」

とリクエストがありました。

秘書の女性は、食事を中断し、バッグを持ってファーストクラスに。しかし、カーテンを開けて入って来るやいなやトイレへ直行。出て来た時には、見たこともない航空会社のCAの

制服に変身していました。〝偽キャプテン〟の次は、〝CAコスプレ〟の登場でした。

そして、彼女は、食事中にもかかわらず帽子をかぶっている〝キャプテン〟をカメラで撮影しはじめました。カメラのあとはビデオ撮影。しかも、

「キャプテンお味はいかがですか?」

「今日はどちらまで?」

などとインタビュー風の演出まで行なわれていました。

私は「世の中にはいろんな人がいるものだなあ」と思いながらも、にこやかにサービスをしていると、〝CAコスプレ〟の秘書さんからこんなリクエストが。

「社長を呼ぶ際には、名前ではなく『機長』と呼んでくださいませんか?」

私たちCAは到着まで、その社長のことを「機長」と呼び続けました。もちろん、これもお客様のリクエストに可能な限りお応えする、本物のCAの「プロのサービス」です。

4章

ファーストクラスのお客様は見た目が違う

ファーストクラスでの食事4
サラダ

『人は見た目が９割』という本がベストセラーになったことがあります。ファーストクラスのお客様を見ていると、たしかに他のクラスとは明らかに見た目が違います。ハンサムだとか美人だとか、顔の美醜のことをいっているのではありません。幸せを呼ぶ顔、人に好かれる顔であり、強運を呼び込む姿勢なのです。彼らの見た目をどのようにまねたらいいのか、考えてみたいと思います。

ファーストクラスは挨拶から違う

ＣＡはお客様の目を見て、笑顔で挨拶をします（アイコンタクト）。ですから、お客様さえこちらを見てくだされば、必ず目が合うようになっています。そのタイミングは、お客様次第です。

アイコンタクトの際に、すかさずご挨拶してくださるのが、ファーストクラスのお客様です。

ビジネスクラスのお客様は、なかにはフレンドリーにご挨拶してくださる方もいらっしゃいますが、なにぶん根がシャイな国民性ですから、目が合ってもすぐに目をそらす方がほとんどです。ニコリともしませんし、もちろん挨拶もしていただけません。

私の同僚に、こんな人がいました。毎回のフライトでお客様に笑顔でご挨拶をしているが、お客様は一向に挨拶を返してくださらない。私はこんなに頑張っているのに報われない。私はこんなに頑張っているのに誰もわかってくれない。みんな自分のことばかり考えて……と彼女は悩み、ついにはうつ病になり、休職したのです。

「ありがとう」のひと言、「おはよう」と挨拶を返してくださる、そのひと言でホッとできるのだけれど、それがない……となると、はっきりいって落ち込みます。いつまで経っても気持ちが一方通行だからです。

しかし、そんなことでいちいち気持ちがマイナスの反応をすると仕事にならないので、そんなものだと開き直ることも必要です。

少し品のない言い方をすると「**不感症力**」とでもいうのでしょうか。何を言われても何をされてもあまりこたえない。「そんなものだ」と少し諦《あきら》めているような感じでいると、笑顔が返ってこなくても傷つくことはありません。

それに対して、ファーストクラスのお客様は、みずから進んで挨拶をしてくださいます。それも、他のクラスとの大きな違いです。

現在のファーストクラスの座席は、ほとんどが1席ずつ独立したシートになっていますが、以前は真ん中にアームレストを挟んだ2席ずつの座席配置でした。

搭乗してから荷物を置いたりジャケットを預けたりしている際、お隣の方がいらしたら、必ず軽く挨拶をされます。

私もそれを見習い、さまざまなシーンで隣に座る方にご挨拶して座るようにしています。そうしなければず～っと「知らない人同士の冷えきった雰囲気」を共有することになります。でも、ひと言でも挨拶を交わせば、冷えた空気はやわらぎます。

重要なのは、「第二印象」

初対面の人と向かい合い、最初にパッと目に入ってきた時の印象を、アメリカのイメージコンサルタントの間では「**One**《ワン》 **Clap**《クラップ》**の法則**」と呼んでいます。

パン！　と手を叩いたくらいの時間で、人は相手の印象を決めているというのです。しかも、その印象は、「明るい」と「暗い」、「感じがよい」と「感じが悪い」、「お金持ちそう」と「お金を持ってなさそう」、「爽《さわ》やか」と「気持ち悪い」など、正反対にある印象のどちらかを瞬時に選んでいるということです。

人の印象を決定づけるものは、アメリカの心理学者アルバート・メラビアンが1971年に提唱した法則「**メラビアンの法則**」によると、

「目からの情報」が55％
「耳からの情報」が38％
「言葉の内容」が7％

という割合に分けられます。

しかし、パッと見の第一印象はよかったのに、会話をした途端にその人の薄っぺらさが見えたり、つまらない人だとわかったりして、がっかりしてしまうこともあります。

第一印象がよければよいほど、ギャップが生じてイメージが大幅にダウンすることになります。

これに対して、第一印象は普通だったけれど、話してみたら「この人、素敵」「案外といい人」と思える人は、最初のハードルが低かったためにグッとアップすることにな

ります。

これを私は、「第二印象」と名づけています。**第一印象は視覚情報。その次の段階にある第二印象は、視覚、聴覚、言語が組み合わさった印象**、と定義しています。

第一印象よりも第二印象がよいほうが断然、得をすることが多いと思います。

CAを何年間もしていると、第二印象でその人の本性をより深いところまで見ることに長《た》けてきます。第一印象は今ひとつなのに第二印象がよいと、「案外よい人」と思ってもらえます。いい意味での裏切りですね。

でも第一印象が悪く、第二印象も悪ければ、どれだけ後で挽回《ばんかい》しようとしても、「印象の悪い人」のレッテルを貼《は》られたまま、さらには、「やっぱり信用ならない人だった」ともっと悪いイメージを強調することになってしまいます。

ファーストクラスのお客様は、第一印象はすこぶるよく、第二印象もさらによいケースが多いです。印象がアップグレードするのです。

第二印象がよい方から学ぶことは、非常に多いです。

仮によい第一印象を与える機会をつくってもらったのなら（ハードルがそれだけ上がっているということになりますが）、第二印象を保つのは、自分の責任です。**好感度の高い**

第二印象を持ってもらえるかどうかは、あなた次第です。

「第二印象」がよくなる三種の神器

ファーストクラスのお客様を見ていて気がついたことがあります。それは、第一印象がよく、さらに第二印象もよい人に共通する、「三種の神器」ともいうべきものがあるということです。

それは、

・姿勢
・顔
・声

の三つです。

先ほども出てきた「メラビアンの法則」によれば、初対面の人を判断する時に、言葉の影響はわずか7%にすぎません。ですから、言葉によるコミュニケーションは二の次であり、それ以上に重視すべきことは、姿勢や顔の表情、服装といった見かけ、「VISUAL」だといえます。

「声」については3章で説明しましたので、ここでは、ファーストクラスの人たちが「姿勢」と「顔」にどのように気を使っているか、具体的に見てみましょう。

ファーストクラスのお客様は、姿勢がいい

ご存じの方も多いと思いますが、ボーディングパス（搭乗券）は、エコノミークラス、ビジネスクラス、ファーストクラスでそれぞれ色分けされています。なので、搭乗時、ボーディングパスを見れば、どのクラスのお客様か一目でわかるようになっています。

ドア付近に立っているCAは、お客様の顔を見ながらニコリとすると同時に、どのクラスの方なのか、お客様が手にしている搭乗券をチラリと見ます。

機会があれば、ドア付近に立つCAの目の動きを見てみてください。結構笑えますよ。目の中で眼球はこんなにも動くのか、と驚くほど先端まで動きます。

しかし、じつはボーディングパスを見なくても、**少し遠くから歩いてこられるお客様の姿を見ただけで、他クラスのお客様か、ファーストクラスのお客様かがだいたいわかります。**

ファーストクラスのお客様は、とにかく姿勢がいいのです。

そして目線の角度が高いのが特徴です。うつむいている人はだいたい目線が下がっていますが、堂々と振る舞っている人は正面を向いているので、目線の角度が高くなるのです。

そして狭い範囲を見る視線ではなく、遠く先々まで見渡せるような視線の送り方をされています。

姿勢は自信の表われであり、オーラを形成する重要なファクターです。

よい姿勢を保つポイントは、おへその下あたりにある「丹田《たんでん》」と頭頂部の「百会《ひやくえ》」です。百会は、つむじのことです。

まず丹田に力を入れます。そして百会が天井から吊られていることをイメージしながら真っすぐに立つと、よい姿勢に見えます。意外にも、この「真っすぐに立つ」ことのできる人は、なかなかいません。壁にもたれてみると、自分がいかに猫背かということに気づきます。意識して真っすぐに立つようにしないと、よい姿勢は保てないのです。

ファーストクラスのお客様はそれが習慣になっているから、姿勢がいいのです。多くの人に常に注目されているから、**無意識のうちに背筋を伸ばすようになった**のでしょう。

背が高いと相手に優位な雰囲気を与えるのは確かですが、**背が低くてもエネルギーパワーが強ければ圧倒的な存在感を出すことができます。**

堂々としていて背が高いイメージがあった方が、立ち上がった瞬間、「あれ、案外背が低い方だったのね」という経験はありませんか。こういう方はエネルギーパワーが強いのです。座高が高いというだけではありません（笑）。

「姿勢」は、「姿の勢い」と書きます。勢い、つまりエネルギーがどれだけあるかということです。おそらく、姿勢のよいひきこもりやニートはあまりいないはずです。逆に、「成功者」と呼ばれている方に猫背はいないようです。

私が思うに、未来を見ている方はエネルギーパワーが強いので姿勢もよく、エネルギッシュに見えるのだと思います。

プラスのエネルギーを受けやすい姿勢

頭頂部にある百会が空を向いている状態が、エネルギーを受けるポイントです。前に倒れるのも反《そ》らしすぎるのも、天から受け取るエネルギーが少なくなるといわれています。**背筋をピンと伸ばし、太陽の光を取り込むようにします。**植物でも、光合成が大事なように、人間も太陽の自然光を浴びてエネルギーを受ける必要があります。

視線を上げて、口角《こうかく》を上げ、笑顔で頬の盛り上がったところ（頬骨の一番高いところ）も上げることによって、よい運気を取り込むことができます。

太陽の光を浴びて、「いいもの」を取り込みます。「いいもの」とは、その人にとっての「プラスになるもの」です。つまり、お金、仕事の成功、健康、愛情などです。

「運気を呼び寄せるために、顔を上げろなんてバカバカしい」と思う人は、顔を上げていない人ですね。だまされたと思って、まずはやってみてください。

ビジネスパーソンなら、交渉はつきもの。その際、背筋を伸ばし、自信に満ちた表情で話をしてください。相手に与える説得力に違いが出てくるはずです。**「たかが姿勢、されど姿勢」**なのです。

成功者たちがこのことを知らず知らずのうちにやっているのか、意識してやることで成功に導かれたのか、それはわかりません。「たまごが先か、ひよこが先か」の世界です。

少なくとも、姿勢を意識していない人は、なるべく何度も全身を鏡に映して、自分の姿勢をチェックし、普段からよい姿勢を取るように意識してください。

エネルギーにあふれる立ち方、お教えします

次のようなことを心がけると、エネルギーにあふれる立ち方ができます（155ページ）。

①顔は正面を向け、顎《あご》は上げもせず、下げもしない（つむじの上から、糸で引っ張られる感じ）
②左右の肩の力を抜く
③お腹を引っ込める
④お尻にキュッと力を入れる

⑤背筋をピンと伸ばす
⑥肩甲骨《けんこうこつ》を引き寄せる（ちなみに肩甲骨は、天使の羽とも言われます）
⑦丹田に力を入れる
⑧膝は伸ばし、両足をつけ、つま先は少し開く
⑨体重は左右均等に親指の付け根にかける
⑩横の線（耳―肩―腰―くるぶし）は一直線になるように

かかとやつま先、手の位置は接客業で重要ですが、エネルギーパワーに関しては体の軸が重要になります。軸が前のめりになっていないか、軸が右に倒れていないか、左に倒れていないかなどを基準にチェックしてみてください。

少し分厚い本を頭に載せてみましょう。じっとしていても本がずり落ちる人は、エネルギーが漏れている可能性があります（笑）。

全身を映す鏡の前で練習してみましょう。誰かとペアになって、お互いに正しい姿勢ができているかチェックできるといいですね。一人でも壁に沿って立ってみると、自分の背筋がいかに曲がっているかに気づきます。

それから手の位置ですが、静止している際は右手を隠しましょう。右手は「攻撃の手」とされるので、左手で隠すことで「あなたに攻撃しませんよ」という意味になります。

歩き方によって気持ちが変わる

背筋をピンと伸ばしてしゃきしゃきと歩いている人を見ると、清々《すがすが》しい気持ちになります。気持ちのよい歩き方をしている本人は、もっと気持ちがいいと思います。

姿勢よく歩いていると、気持ちも明るくなりますし、前向きにもなります。そして、そういう自分を相手に印象づけることもできますね。

上半身を固定したまま足の裏をしっかりとつけて歩くと、**インスピレーションが湧《わ》きやすくなります。**

少しでも天に近いスタイルで歩く、つまり背筋をピンと伸ばして歩くことで、エネルギーをたっぷり受けることができます。思考がポジティブになりますから、よいアイデアや企画が次々と浮かんでくることでしょう。

エネルギーにあふれる立ち方

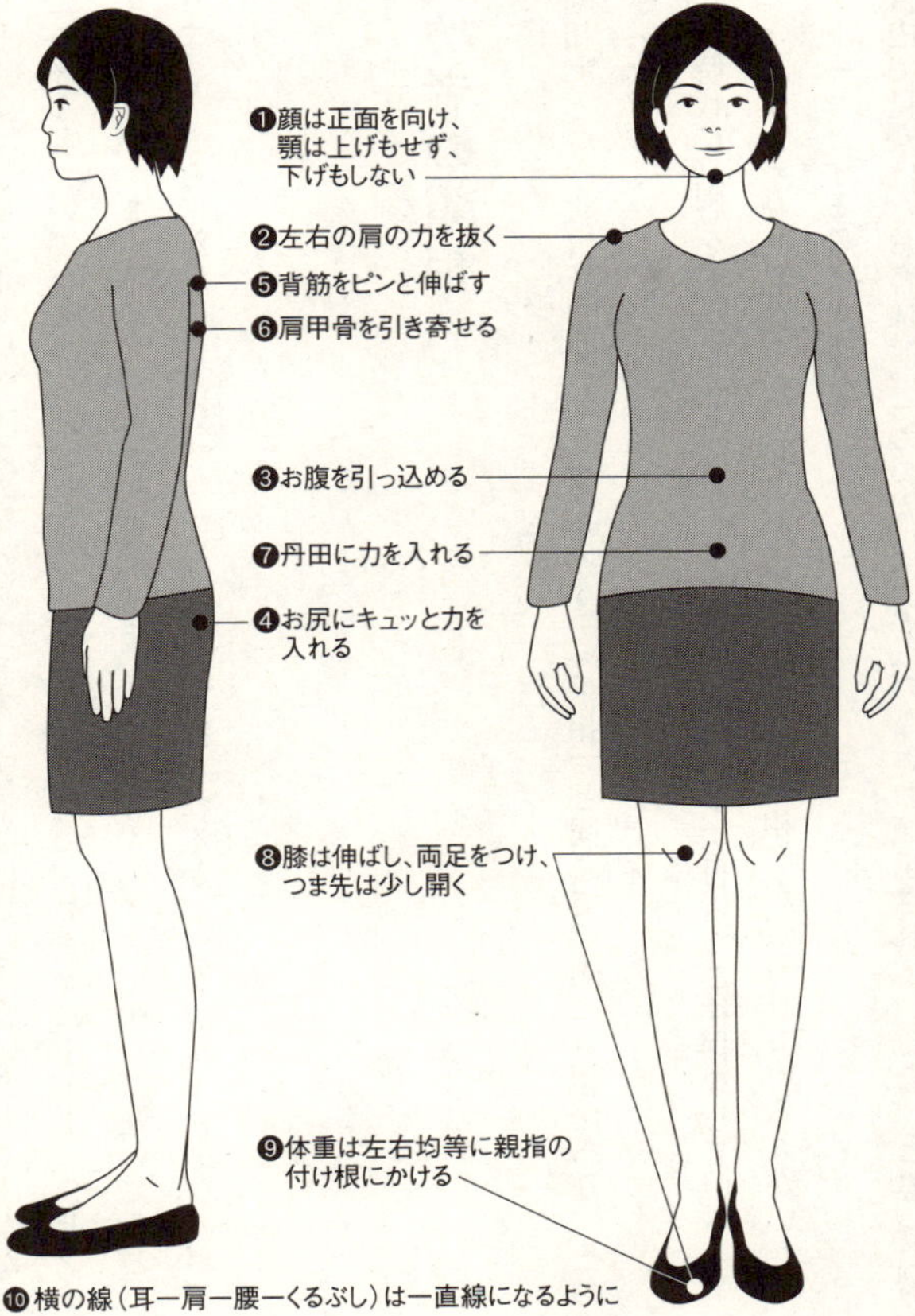

❶顔は正面を向け、
顎は上げもせず、
下げもしない
❷左右の肩の力を抜く
❺背筋をピンと伸ばす
❻肩甲骨を引き寄せる
❸お腹を引っ込める
❼丹田に力を入れる
❹お尻にキュッと力を
入れる
❽膝は伸ばし、両足をつけ、
つま先は少し開く
❾体重は左右均等に親指の
付け根にかける
❿横の線（耳―肩―腰―くるぶし）は一直線になるように

正しく歩くには、正しいサイズの靴が必要です。買う前に試しに履《は》いてみて、かかとが靴にちゃんとついているかを確認しましょう。立った時に、つま先に1〜1・5センチほどの余裕が残っていることを確かめてください。靴屋さんのイスに座って履いてみるとわかります。さらに20歩ほど歩いて、フィット感を得られるかどうかがサイズ選びのポイントです。

成功者の顔相《がんそう》

「顔相」という言葉をご存じでしょうか？　「手相」と同じで、顔にも相があり、その人の運気を示しています。

ＣＡ時代に乗客をお迎えする際に、飛行機の搭乗口ドア付近でご挨拶をしていると、顔に「トラブルを起こしそうな、やっかいな相」や「死相」が表われている人がいたりして、ドキッとすることがありました。

機内で見かけたお客様で、「この人は、運気のないお顔をされているな」と思った方がいらっしゃいました。後日テレビをつけたら、ある会社が不祥事を起こし、その方が謝罪会見をされる様子が流れていました。謝罪会見をするような人の顔には、特に額、眉間《みけん》、鼻に共通した相が表われるのです。

このように、**顔には、ありとあらゆることが表われています。顔相は、あなどれないものです。**

顔は名刺と同じビジネスツールです。折れたり、汚れている名刺を取引先の方にお渡ししたりするのは、大変失礼です。顔も同じです。

顔にすべてが表われる

私は小学生の頃、中国に伝来する、人の顔に関する本を読みました。それ以来、人の「顔」に興味を持ちました。きっかけは、医師をしていた親戚《しんせき》が、患者として訪れる人々の顔を見て死期をぴたりとあてることを不思議に感じたことです。

「現代の医学では人のDNAから死期の概算ができるようになっている」と、ビジネスクラスにお乗りだった東大病院のお医者様からうかがったことがあります。

しかし私の親戚には、DNAの分析などできなかったはずです。それなのに、なぜ患者さんの死期がわかったのか。

それは血液検査やMRIの結果ではなく、「顔相」だというのです。

この親戚のことを「インチキ医者」と思ったこともありますが、これがじつによく当たるのです。それはもう恐ろしいほど。問診で患者の顔を見ていると、顔色やホクロ、または顔にできたシワのような線などから病気が推測できたり、時には「死相」が見えてしまったりしたことがあったようです。

世間話の最中に「○○さん、先日診察にいらしたけれど、もう長くない。死相が出ている」（ああ、なんて恐ろしい話なんでしょう！）と話していたこともあります。

かといって、顔相に科学的根拠があるわけではないので、医師の立場としては顔相の観点から病気について伝えるわけにもいかず、非常にもどかしい思いをしていた姿を思い出します。

その医者はもう他界してしまいましたが、私は子供の頃から、このような環境にあったので、自然と診療所を訪れる患者さんたちの顔に興味を持ったのです。

たとえば額には「天中」「天庭《てんてい》」と呼ばれる箇所があります。この部分から眉間にかけてのラインに「黒いすだれのような糸が落ちて来る」と、どんなに手を尽くしても死にいたるという現実を身内で見たことがあります。「黒いすだれのような糸」とは、物理的な糸のことではなく、あくまでも「相」の印象をたとえたものにすぎません。「細い影」と呼んでもよいでしょう。

少しスピリチュアルな話なのでお断りしておきますが、私は霊能者でも超能力者でもありません。また、すだれのような糸が私に「見える」理由もわかりません。それでも、見えるのだから仕方ありません。最初は赤の糸が落ちてくるのですが、その色が青、黒と変化してくるのです。

死相が出ていたお客様

じつは、その状態の方がお乗りになられたことがあります。
あれは忘れもしないモスクワ経由ミラノ行きでした。

いつもの通り、ドアサイドに立ってお客様をお迎えしていた際、女性連れの男性で、年のころは50代。「アレ?」と思ったのは事実ですが、ドアサイドはスポットライトが上から人の顔を照らしているので髪が顔に陰の部分をつくり、黒く見えることがあります。目や鼻も同じで、陰ができて、目の下が黒く見えたり鼻の周りが黒くなっていたりすると見間違うことも多いのです。

その方の容態が急変したのは離陸から数時間後、ちょうどウラル山脈上空を飛行中でした。お食事も終わり、映画のサービスをしている最中、俗にアイドルタイムでのことです。お客様のお連れの方から「連れの者が苦しいと言っている」とのお申し出があり、至急ドクターコールをしました。幸い、お客様の中にお医者様が一人いらっしゃり対応していただきました。

しかし、その時にはもう手遅れ。心肺蘇生措置など手を尽くしましたが、改善する兆《きざ》しも見えないまま、仕方なくモスクワにいったん着陸し、男性患者とそのお連れの女性のおふたりだけを降ろし、現地の医療チームに引き継いで、再びミラノへと飛び立ちました。後味の悪いイレギュラーな出来事でしたが、あれから十数年経過した今でも、まだ頭に鮮明に残っています。

ファーストクラスは「成功者の顔相」で満ちている

ファーストクラスといえば、昔も今も「成功者」の証です。

私は成功者には「**成功者の顔相**」があり、そうでない人は運気が低い顔相をしていることに気づきました。

顔色の悪い成功者はあまり聞きませんし、少なくとも私がファーストクラスでお客様をお迎えしていたなかで、「これらのパターンに合わない方だな」と思う時は、ビジネスクラスからアップグレードしてきた人、エアライン側が招待している旅客、あるいはファーストクラスの旅客と人脈をつくろうとして無理をして乗ってきた「一発屋さん」(たびたびの失礼お許しください)でした。すぐにわかります。

成功者の顔相とは、以下のようです。

- **両目の大きさが同じで、黒目が輝いている**
- **顔色がよく、顔全体にツヤがある**
- **顔の中で、山と呼ばれる額・鼻・頬・顎がしっかりしていて、小鼻が張っている**

創業社長の顔には、ゼロの状態から始めて、ここまで成功したという自信が表われています。エネルギーが満ちていて、生命力にあふれているのです。そういう人のもとには、人が集まってきます。その人自身が会社の顔であり、その人の魅力がその会社の魅力を表わすのです。外見に人格や人柄がにじみ出ているということです。

どうすれば顔にツヤが生まれ、自信のある表情を保つことができるのでしょうか。成功者の顔相になるためのポイントとなる部位と、気をつけることをご紹介します。

眉間《みけん》

一度のフライトで、ＣＡはジャンボジェット機５００人ほどの顔を見ます。ちょっと計算してみましたが、私は**トータルでおよそ２８５万６０００人もの顔を見てきた**ことになります。

次々とお乗りになるお客様のお顔を見ていると「機嫌が悪い」「機嫌がよい」というレベルを超えて、過去・現在の自分に満足できているか満足できていないかということもわかるようになりました。

そのようなことがどこに表われるかというと、眉間です。**眉間は人の「快」「不快」が表われる場所**なのです。眉間は、胃袋の鏡だとも言われます。嫌なことがあると眉間にシワが寄りますが、それと同時にストレスで胃袋にもシワが寄り、シクシクと痛み始めるかもしれません。

だから**眉間にシワを寄せないようにすることが大切**です。シワが入りやすい人はクリームやオイルを塗り、マッサージするなど肌をやわらかくきれいにしておくのがよいでしょう。

また、眉間の奥には脳下垂体があり、神経ホルモンが分泌される場所。観相学では「第三の目」と呼ばれる箇所です。ややスピリチュアルな表現ですが、眉間は「霊的な能力が集まる」とも言われています。仏陀《ぶつだ》の眉間には白毫《びゃくごう》と呼ばれる毛があり、光を発していたという逸話が残っているほど神秘的なゾーンです。

鼻

日常のお金の流れを顔相から見る場合、鼻を見ます。

快・不快を表わす眉間に、すべての幸せやよい運気が入ってくるといわれています。当然、お金の流れも含まれています。

眉間に入ったものは鼻の付け根に移り、鼻筋を通り小鼻に貯まります。「金甲《きんこう》」といわれますが、これがいわゆる金庫、つまり貯金通帳です。**小鼻が張っている方はお金が貯まりやすい**のです。お金の流れはしっかりとしていたほうがよいので、鼻筋も細く通りすぎているよりも、太くどっしりしているほうが運気はよいといわれています。

女性にとっては美容の側面から、細くスッと鼻筋が通っている、小さめの鼻が理想的だとされていますが、金運の面ではまったく逆です。

美容外科手術で小鼻の張りを取り除き、小さな鼻にする方も多いそうですが、運気の面からすれば、小鼻の張りをとることは余計なことといえそうです。

貯金通帳に貯まらないお金（つまり日常の出費）は、鼻の下（人中《じんちゅう》）を通り、次に鼻の下のくぼみである口に入るといわれています。人生は日常の積み重ねですから、鼻と口を通る顔の中心線（正中《せいちゅう》線といいます）はもっとも大切であるとされています。

鼻は白く光り輝き、脂が少し出ているぐらいがちょうどよいのです。お稲荷さんのキツネの鼻は白く塗ってありますね。鼻を白くするのは、昔から開運の祈願といわれています。

顔相的には、ツヤツヤしているぐらいの鼻が最適です。鼻の吹き出物やシミ、鼻のゆがみは、悪運を招くといわれています。清潔にしましょう。

このように、日常的に安定しているお金の相は鼻に表われますが、宝くじや株の利益など一過性の金まわりに関しては、眉の上に表われます。

目

「目は、心の鏡」とたとえられるように、すべてが映し出されます。

目に力がある人は、その人にしっかりとした意思があり、前に進む力があるという印象を与えます。人の話を目をキラキラさせながら聞いている時は、その人や話の内容に興味がある証拠。瞳孔《どうこう》は、暗い場所で大きくなりますが、興味があるものを見たり聞いたりした時も大きくなります。

逆に「うつろな目」「腐った魚のような目」など、生気のない目は、生きる気力もないような人のことを指しますね。それほど目というのは、表情を表わすポイントになるパーツなのです。

目の相と運は密接な関係にあります。どんなに美男美女でも、**目の相が悪いと運気には**

恵まれません。よい運気を呼びたい時には、目に気を配ることが肝心なのです。

理想の目は、左右両方の目の大きさが同じで、バランスが取れています。そして黒目に輝きがあり、白目は濁っていません。

どうすればそうなるのかといえば、毎日、一生懸命仕事に張りのある生活を送ることです。**仕事の充実感が目の輝きを生む**のです。つまり、心の状態が目に集約されるということです。大切なのは「目」を変えようとすることではなく（物理的に変えることはできません）、充実した生活を送ることです。その結果、目がキラキラ輝くような印象を周りの人に与えることができるのです。この印象が大事なのです。

黒目は、大きいほうがよい運気を集めます。大きい黒目は、輝いて見えますから、目がキラキラしている人は、人の話を興味深く聞いている印象を与えます。それが他人の信頼を得るのです。犬が愛らしい印象なのは、あのまん丸の黒目のせいです。

心の状態を偽われない唯一のパーツが目です。だから「目を見れば、その人がわかる」という説も、頷けますね。

眼球を動かす

ビジネスパーソンにとって、パソコンは仕事をするうえで不可欠です。でも、同じ姿勢、同じ表情のまま指先だけを動かしていると、目が疲れます。

疲れを取るには、時折画面から目を離し、眼球を右端左端上下に動かすようにしてください。さらに眼球と一緒に首を動かしながら、遠くの建物や景色などいろんなものを見るようにしてください。**同じ姿勢、同じ顔の向きが続き、目線が一定となると、顔が能面のように硬くなって、イキイキとした表情がつくれなくなる**のです。

額

額の真ん中あたりを官禄宮《かんろくきゅう》と言います。官は仕事、禄は収入のことです。仕事運と出世運が表われる場所で、成功者は白っぽくピカピカ光っています。反対に仕事が安定していない人、収入が安定していない人、失業中の人などは、額から眉間が黒ずみ、眉間にシワが入っている場合が多いです。

仕事運を上げようとするならば、眉間と同時に額の色も毎日鏡で確認しましょう。人に会い、たくさんお話をすることで血行がよくなり、色やツヤもよくなるはずです。

口角

最近の研究によると、**口角を上げるだけでも、脳に「快」の信号を送ることができる**そうです。

感情はいとも簡単に「不快」な状態に陥ります。たとえば、心ない言葉を投げかけられたり、冷たい視線をあびせられたり、残忍なニュースを見たりすると、不快な気分になりますが、私たちはそういう環境に囲まれて暮らしているといえます。

だからこそ、口角を上げることから一日を始めるのです。**朝起きて鏡で口角が上がった自分の顔を確認しましょう**。また、会社のデスクに鏡を置き、疲れたな……と思ったら口角を上げてみましょう。

歯

歯を意識すると口の周りの筋肉にもよい影響を及ぼし、よい顔に近づけると思います。歯がきれいだと笑った顔にも自信が持てますし、相手が自分に対して、清潔でよい印象を持ってくれます。

日本は、他の先進国に比べて、歯を重視していないように感じます。機内でもご自宅でも、「食べたら磨く」を習慣にされていない方もいるようです。歯列矯正《きょうせい》も遅れています。欧米に比べると、「ガタガタの歯でもお構いなし」という人が多いのが現実。審美面だけではなく健康面でも、噛《か》み合わせは悪い影響を及ぼします。**歯のメンテナンスは、よい顔をつくる**方策のひとつです。

噛む・見る・味わう

食べることは、単に栄養を摂《と》るだけではありません。食べ物を噛み、咀嚼《そしゃく》するということです。噛む際に顔の筋肉を使うので、顔が引き締まってきます。また、噛むと唾液が出て消化がよくなり、脳も活性化されます。

テレビを見ながら頬杖をついて食べるのではなく、人と楽しく食事をすることが肝心です。お皿の上のきれいな色の食事を見ながら、手で触り、香りを楽しみ、味わいながら食べます。**五感をフル稼働して食べることが、ひいてはよい表情をつくることにつながる**のです。

相手を見て話す

顔は多くの情報を発信しています。私たちは、「機嫌が悪そう」「嬉しそう」「哀しそう」「気難しそうな人だ」など、相手の表情＝顔から情報を読み取ります。

ＣＡはお客様の表情を見ながら「具合の悪い人はいないか」「不機嫌な人はいないか」など健康状態や精神状態を察するので、表情を見ることにかけては専門職といえるでしょう。

しかし近年、**相手の顔を見ることなく話をする人が増えた**ように感じています。相手が情報発信をしてくれているのに、それを見ることなく書類上だけで仕事をどんどん機械的に進めていくのは、詳細なデータを見ないで戦略を立てるのと同じかもしれません。

相手の顔を見て話せば、相手も自分を見てくれます。相手の表情につられて、こちらも豊かな表情が生まれます。また、その反対に自分の豊かな表情につられて相手の表情が穏やかになることもあるでしょう。だから相手を見て話すことが、よい表情をつくっていくのです。

耳を傾ける

コミュニケーションは「聞く」「話す」の繰り返しです。言葉のキャッチボールをしながら、意思を伝え合い、相手がどれほど理解しているのかを確認し、心を通わせます。話すためには、きちんと聞かなくてはなりません。集中して聴くことを「耳を傾ける」と表現しますが、これは理に適《かな》ったものです。耳の周りには足裏と同じように、たくさんのツボが集中しています。相手の話をじっくり聴くことで集中力が高まり、理解が早まります。またよい話には感動もします。聴くだけで表情が豊かになるのです。

それほど大切な耳です。また、意外に耳は他人に見られています。入浴時など、耳全体をきれいにしておくことをおすすめします。

人に頻繁《ひんぱん》に会う

身だしなみや自分の表情に意識を向けられる機会が多い人は、それだけ表情も豊かになります。相手の表情に反応して、心が動き、その気持ちの変化が表情に出るからです。常に豊かな表情をしていたいと願うなら、人に頻繁に会うことです。

また、相手と向かい合う際の緊張感を味わうことも大事です。初めて出会う人や苦手なタイプの人と話をすることも、ひきしまったよい表情をつくることにつながります。

睡眠

睡眠と脳と顔の表情は深くつながっています。

脳は体全体の20％ものエネルギーを消費しているのだそうです。仕事をずっと続けていくと脳神経がオーバーヒート状態になります。皆さんも心当たりがありますよね。

人は**疲れている時、明らかに顔の表情が変わります**。仕事がたまってくると焦りが生じます。休まずに仕事をしたい気持ちはわからなくもないですが、睡眠も大切な仕事だと捉えましょう。熟睡して疲れが取れれば、思考はクリアになり、表情も明るくなります。

「第二の矢」を受けないための呼吸法

ファーストクラスのお客様から、こんなことを教えていただきました。

「**第一の矢は受けても、第二の矢は受けないように**」

これも、メモした言葉が残っているから書けることですが、仏教の教えだそうです。

たとえば、デパートのバーゲンセールで足を踏まれたとしましょう。「痛い」と感じるのが、第一の矢です。

その後、踏んだ人を睨みつけて「何！」「イライラする！」と怒るのが、第二の矢です。普段の生活では、憤《いきどお》りを感じることも多いでしょう。怒りの感覚を触発されても、余計な感情を起こさないことが「第二の矢を受けない」という意味だそうです。

第一の矢を受けたな、と感じたら、うつむいた顔をいったん上に上げて、呼吸をすることをすすめます。

呼吸という漢字の「呼」は、吐くこと。「吸」は、吸い込むことです。「呼吸」という言葉は、吸い込むばかりでいると、一生懸命がむしゃらにやっても、思うような結果が出ないということを示しています。深い呼吸をしながら、感情のコントロールをすることが重要なのです。過度に息を詰めると、心身ともに悪影響を及ぼします。

息を詰めていては、いい仕事はできない

次にお話しすることは、ビジネスクラスのお客様を反面教師として学んだことです。

ビジネスクラスに入ると、7割ぐらいの方が仕事をされています。エコノミークラスでも、出張の方などは、背中を丸めてお仕事をなさっています。

一方、ファーストクラスのお客様は、お話や読書など、休んでいらっしゃることが多いです。

ビジネスクラスやエコノミークラスのお客様には、何もそこまで根《こん》を詰めなくても……とついツッコミを入れたくもなりますが、日本経済を担《にな》うビジネス戦士たちは、過酷な労働を機内でも強《し》いられています。眉間にシワを寄せ、ストレスをいっぱい抱えたまま、お仕事に励んでいらっしゃるわけです。

しかし、うつむいて書類を読んだり、パソコンを眺めていたりすると、気道が塞《ふさ》がれ、口を使った「口呼吸」になってしまいます。正しい呼吸をしていないと、頭に酸素が回りません。その結果、脳が「苦しいよ」と悲鳴を上げ始めます。

結局、ねじり鉢巻きで仕事をしても効率は悪くなります。血のめぐりが悪くなり、頭の回転も悪くなります。気持ちばかり焦って仕事は進みません。ストレスだけが溜まっていきます。

特にひらめきの脳である右脳が作用しなくなっては、仕事をクリエイティブに考えるこ

ファーストクラスの定番、ウェルカムドリンクのシャンパン

キャビンアテンダント時代の著者

となど到底できないと思うのですが、いかがでしょうか？

息を詰める時間が長いと、脳内物質のセロトニンの分泌が少なくなります。セロトニンは、平常心をもたらす脳内物質のことで、これが正常に働いていればストレスに対して免疫ができますし、冷静な精神状態を保つことができます。

下を向いてばかりでは、イライラも募《つの》り、ストレスフルな状態に陥ります。そうなると、思考が停止してしまいます。CAの間で「イノップ」と呼んでいる状態です。

イノップとは、英語の「Inoperative（操作不能）」です。機内の備品が不能となった場合にはイノップタグをつけて、新しいものと交換されます。

しかし、人間の脳は優れた脳と交換することは無理なので、自分でよい状態にしておくことが必要です。それが仕事にも顔相にも影響することは、言うまでもありません。

エネルギーを高くするために、形から入る

ファーストクラスでサービスをしていると、お客様のエネルギーの高さを感じることが

よくありました。年齢層がとても高いことを考えると、普通であれば元気がなく、エネルギーレベルが低いと感じてもおかしくはないはずです。

私は研修などで企業におうかがいしますが、

「部下にやる気が見られない。自己啓発の書物を読ませても効果なし。どんなに感動的な講演を聴いても効果がない」

といった相談を受けることが多くあります。

相手の「心」を変えるのは至難の業です。しかし心にフォーカスするのではなく、**「体」にフォーカスすると簡単に変わります。**

姿勢を矯正し、体に合ったサイズや色の洋服に着替えてもらいます。そしてヘアスタイルやメイクなどを指導し、最後に声の出し方を指導します。

次の瞬間、目はイキイキ、背筋はすっと伸び、顔つきもスッキリとしまります。そうすれば、気持ち（やる気）パワーは、後からついてくるものです。

これは**形から入っても、やる気は満ちてくる**という例です。

身体感覚や姿勢、身だしなみが心に大きな影響を与えるということは、反対の方法でも実証できます。

研修の対象者に、自信のない格好をしてもらいます。だいたいうつむき加減で肩を落とす格好になります。その状態で「私は元気だ～」と叫んでいただきます。

体験した人は、必ず違和感を覚えます。自信のない格好と「元気だ」という叫びが一致していないからです。体は元気ではないのに、発せられた言葉がその反対の意味だったから違和感が生まれたのです。

心と体は連動しているため、体が健康でテンションが高くなれば、意識のエネルギーレベルも自然と高くなる、という理屈です。

大切なのは、**体と心のバランスです。お互いが連動しあって初めてその人の存在自体がエネルギーレベルの高いものになるのではないか**、と私は考えています。

ファーストクラスのお客様は、心身ともにバランスのよい状態にあるから、エネルギーレベルが高く、存在感にあふれているのでしょう。

こんなお客様も乗っているの!?

バブルの風景

日本中がバブル経済に浮かれていたあの時期、ファーストクラスでも、今では信じられないようなことがごく日常的に起こっていました。

たとえば、私たちCAはお客様のリクエストで、ドンペリ（最高級のシャンパン）の栓を小太鼓演奏かと思うほど、景気よくこれ見よがしにポンポンと開けていました。一体何本開けるの？　というくらいに。

けれども、ボトルのシャンパンをすべて飲み干してしまう方は少なく、飲み残しが出てしまいます。開栓したワインやシャンパンの中身は到着前に廃棄しなければならないので、私たちCAは、ギャレー（機内のキッチン）で「シャンパンで手を洗うと手がスベスベになるの～」などと言いながら、根拠のない美容法に歓声を上げていたものです。

当時は、エアラインもファーストクラスサービスに、次々とキャンペーンを打ち出していました。その中に、お寿司サービスというのがありました。

お寿司職人がビジネスかエコノミーの座席で待機し、ミールサービスのタイミングで突然、その場で着替えて寿司職人姿に早変わりし、ファーストクラスでおいしいお寿司を提供するというものです。

ファーストクラスでそんなことをやっているようだと知った他クラスの乗客たちが、一様に驚きの表情でその姿を眺めていたものです。

それから、私が搭乗したあるフライトではこんなことがありました。

元芸能人で実業家の方が、他人の視線をシャットアウトするため、ファーストクラスのゾーンすべてをお買い求めになられたのです。つまり、乗り合わせなしです。

その方はガールフレンドと搭乗されていたので、完全にふたりっきりの空間。しかも、広い座席がいくつもあるというのに、1席におふたりで座っていらっしゃいました。

華麗なる空中デート、いったいどのくらいかかったのでしょうか……。

5章

ファーストクラスのお客様の発想を学び、私が考えたこと

ファーストクラスでの食事5
和風フィレステーキ

私はＣＡの経験を経て、２００６年に人財育成会社を設立しました。ファーストクラスに乗るお客様の発想や思考を学び、それを自身のビジネスに活かして、起業したのです。

彼らの考え方は個性的で独特ですが、いくつかの共通点があります。

本章では、ファーストクラスに乗るお客様が私に教えてくれた考え方をご紹介します。どうぞ私を通して、成功者の発想の一端にふれてみてください。

当たり前のことを続ける、そして感動させる

ファーストクラスに乗る創業者たちは、当たり前のことを自然に続けてきた人ばかりです。

誰かに親切にしてもらったら、「ありがとう」という言葉で感謝の気持ちを伝えますよね。ごく当たり前のことです。でも、常にそれを続けている人は、じつは少ないのではないでしょうか。事実、ファーストクラス以外のクラスでは、あまり多く見かけませんでした。

ビジネスクラスやエコノミークラスのお客様は、残念ながら「ありがとう」という言葉もなければ、4章で紹介したように「アイコンタクトで目が合ってもすぐに目をそらす方」ばかりで、会釈《えしゃく》もしていただけません。心の中では「ありがとう」と言っていたのかもしれませんが。

ファーストクラスでは、何かを配るたびに「ありがとう」とひと言添えながら受け取ってくださいます。これを私は「**受け取り上手**」と呼んでいました。

なかには、

「急ぎではないから、あとでお水を1杯お願いしたいんだけど」

と、わざわざ私の許可を得て、依頼される丁寧なお客様もいらっしゃいました。

驚いたのは、お持ちした水をそのお客様が飲み終わった後、グラスを取りに席まで行ったその時のことです。

グラスを手にした瞬間、私の顔がフワッと軽くなったのを覚えています。グラスが置かれてあったカクテルナプキンにペンで、こんなメッセージが書かれてあったのです。

「**ありがとう、これでエコノミークラス症候群も怖くない！**」

グラスを持ち上げると、感謝の言葉が現われる。こんなスマートな演出のできる人が、ファーストクラスにはいらっしゃるのです。

ファーストクラスに乗る創業者たちは、**「ありがとう」と言われた相手がとても嬉しく感じるということを本能的にわかっている**のです。そして、**相手が喜ぶことが、自分の喜びになっている**のです。だから、感謝の言葉を伝えることが習慣になっているのでしょう。

たとえば、2章で紹介した、1年前の機内での会話を覚えていてくれて、CAの誕生日にお祝いのカードを贈ってくださった社長さん（70ページ）。もらったCAは、社長さんが本当に実行してくれたことに、心が揺り動かされました。

私も同じようなことを何度も体験しました。ある搭乗の際に私がサービス担当となった某社の社長さんは、別のフライトで再会した途端、

「美月さん、その後はどうなったの？」

と声をかけてくださいました。前回、私が話した内容を覚えていてくださったのです。その方の記憶力に驚き、やはり体がふるえるような感動を覚えました。自分を個として接してくださった証だからです。

ファーストクラスのお客様は、そのようなことをさりげなく、ごく自然にできる人ばか

りです。

相手を感動させることは、容易ではありません。「感動させよう」という演出が鼻についてしまうと、相手の行為が白々しく思えたり、薄っぺらく思えたりします。

他人にさりげなく感動を与える、創業社長たちの技術をぜひ体得したいものです。

自分のポジションに応じた人脈をつくる

ファーストクラスのお客様のなかには、近くに座っている搭乗者の方の名前を聞き、挨拶に行かれる人がいらっしゃいます。その態度はとても謙虚です。

私も起業してからは、自分の今のポジションにふさわしい人脈をつくる必要がある、そしてつきあう人を選ばなくてはいけないということに気づきました。

よく、こんな話を聞きます。

「あなたという人物を知るためには、あなたの周りの10人をピックアップし10で割る、そうするとそれが現在のあなた」

ファーストクラスのお客様は、ある意味、孤独です。悩みは同じ環境にいる信頼できる人にしか吐露できないでしょうし、理解もしてもらえないでしょう。ですから、新しい出会いには手を抜きたくない。でも、あまり面倒なことは時間効率の点からしたくない。そのように考えていらっしゃるのだと想像します。

だからこそ、ファーストクラスで同乗した、自分と同じように成功者であるお客様に挨拶するのは、非常に効率のよい「人脈づくり」ということになります。CAに「あちらの方はどなた?」と名前を尋ねることにためらいがありません。

一般のビジネスパーソンは、ファーストクラスのお客様のような努力をしているでしょうか? やや疑問に感じます。

たとえば、「いつか独立するぞ」と考えている人は多いでしょう。では、起業の志《こころざし》を抱く同年代のビジネスパーソンをどれくらい知っているでしょうか?

起業家が集まる勉強会やセミナーに参加すれば、その日だけで時には100人以上の人と名刺交換ができます。でも、名刺交換だけで終わっている人が多いように思います。人脈を広げるためには、会ったその日にお礼メールを送ったり、ポストカードを送ったり、といった努力が大事だというのに。

ルール無視では相手にされない

人脈を広げることは重要です。そして、ファーストクラスの方たちは、フレンドリーな方が多いです。しかし、だからといってルール無視では、相手にはされません。

食事のサービスが終了したどさくさに紛《まぎ》れて（このタイミングが、機内が一番ザワザワしているのです）、ビジネスクラスにお座りだったお客様がファーストクラスのカーテンをガッといきなり開けて突進してこられたことがあります。

手には名刺と書類（おそらく事業計画書？）をお持ちでした。そして、日本では知らない人がいないであろう企業のＣＥＯがくつろいでいらっしゃるところに、いきなりアポなしの売り込みをされたのです。

ファーストクラスのお客様の隣がたまたま空席だったので、この〝侵入者〟はラッキーでした。しかも当時の座席は、肘掛をはさんで2席続きの座席（現在は1席ずつの独立した座席）。

ファーストクラスのお客様がニコニコされていたので、「もしかしてお知り合い？」と一瞬思いましたが、〝侵入者〟が名刺を取り出し、次にすかさずパンフレットのようなものを出して説明しはじめたので「知り合いではない」と察知しました。

私は〝侵入者〟に向かって、

「恐れ入りますが、お座席にお戻りいただけますか」

とご案内しました。

そして、ファーストクラスのお客様には、

「大変失礼いたしました。気づくことが遅く、ご迷惑をおかけいたしました」

と謝罪しました。するとファーストクラスのお客様は慣れた様子で、

「大丈夫だよ。時間はたっぷりあるし、今のような売り込みはよくあることだよ。それより前の座席の方に謝らなくては」

と、一切不快な表情は見せず、周りの人への気遣いまでしていただきました。どうやら〝侵入者〟はまったく相手にされていなかったようです。

アポなしの売り込みは、「失礼なことを平気でする人」と相手に伝えているようなものです。経営者との関係は多少遠くても、しっかりとした紹介者を立て、事前に企画書にまとめてお渡しし、秘書に時間を取っていただく、というのが自然な流れでしょう。

「秘書ではなく、あなたと直接お話をしたい」という申し出は、成功者からすれば「うち

の秘書を馬鹿にしている」として、嫌がられる傾向が強いものです。

私の担当便ではなかったのですが、こんなこともありました。

ファーストクラスのお客様（30代の男性、過去の搭乗回数ゼロ）から座席を替えてほしいとのお申し出がありました。某有名実業家のお隣の座席を希望されているのです。「知り合いだから席を替えてほしい」というリクエストだったのですが、実際は有名な成功者であるその方に近づき、自分の話を聞いていただきたかっただけのようです。

気持ちはわからないでもありません。

1回の講演に百万円単位の謝礼が発生するような方ですから、私だってお話は聴いてみたいと思います。大手新聞社やテレビ局が取材の申し込みをしてもなかなか応じてもらえない、そんな大物です。

でも、おわかりの通り、この行為は失礼です。なぜ失礼なのかが理解できない方は、私のビジネスマナー講座を受講してください（笑）。

逆の立場なら、すぐにおわかりいただけると思います。

成功者は、顔が世間に知られている分、リラックスしている時は人の目にさらされたくない、と思っています。飛行機での移動時間はプライベートタイムです。

その貴重なプライベートの時間に土足でドヤドヤと踏み込んでくるような方には、出世などできるはずはないのでは……。**人の気持ちを考えるのがビジネス**なのですから。

人脈を広げる時にやってはいけない7つのタブー

人脈を広げるなら、正攻法がベストです。正しい活動を続けていると、人脈はどんどん広がっていきます。もしかすると、「あなたのビジネスモデルに賛同したので、資金を出そう」という、足長おじさんが出てくるかもしれません。

あるいは、ビジネスの参考になる貴重なアドバイスをくださるキーパーソンにお近づきになれるかもしれません。

人脈としてきちんとつながっていくために、避けなければならないＮＧ態度（悪い例）をリストアップしてみました。

①相手の大切な時間を奪う

②挨拶も名刺交換もなしで、言いたいことだけを一方的にしゃべる
③初対面でビジネスの話をする
④「どのような方法なら自分も成功できるのか?」と質問する
⑤雰囲気の悪い場所で会う
⑥相手がフレンドリーなのでつい親しくなったと勘違いする
⑦「だいたい〜」とか「ほとんど〜」「もう少しで〜」など、あいまいな表現を使う

これらは独立してからの私の経験のなかから導きだされた**NG態度リスト**です。

私はアメリカに留学したことがあるので、海外のビジネスにおいてはある程度の「押しの強さ」や「がめつさ」が欠かせないことは理解しています。また、私にも「当たって砕けろ精神」を発揮してうまくいった経験があります。

それでも、日本国内で繰り広げる、日本人同士の交渉ごとでは、ある程度の「上品さ」「控えめな態度」「清潔さ」「謙虚さ」が必要であるように感じます。その〝さじ加減〟は難しいですが、ともあれ**バランス感覚が大切である**といえるでしょう。

フレンドリーだから幸運がやってくる

対人関係で心の壁をつくらず、相手を受け入れ、自分も開放する。こういったことが自然にできる人は「フレンドリー」と評されます。何度も繰り返しますが、成功者の皆さんは、フレンドリーです。

相手に自分を受け入れてもらえれば、誰もが嬉しくなりますから、その人の傍《そば》にいたいと思います。

でも、ニコニコとしながら黙って静かに「ご縁を切る」のも成功者の側面です。あなたにも心あたりがありませんか、「あれ? 最近連絡ないな」といったことが。

会社へのクレームも同じです。クレームがある間はまだお客様から相手にされている証拠です。お客様から「相手にするべき会社ではない」と認識されてしまうと相手にもされず、静かに去られてしまいます。もはや「脈なし」の状態です。

「成功者は静かに去る」

このことを、よく覚えておいてください。

家族を大切にする

立場が上がれば上がるほど、進言してくれる人は少なくなります。

一方、家族はどんなに偉くなろうがお構いなしに、思ったことや感じたことをズバズバ言ってくれる貴重な存在です。

ファーストクラスのお客様のなかには、

「妻へのプレゼントは、何がよいかな？」

と相談を持ちかけてこられる男性が少なくありません。家族の写真をご自分の手帳などに挟み込まれている方も多いです。

有名なスポーツ選手とご結婚された元美人モデル。彼女のお父様は、ファーストクラスの常連客です。いつも家族の写真をニコニコと眺めていらっしゃるのが印象的でした。

「日本人はシャイな民族だから、そんなまねはできない」と思われる人がいらっしゃるかもしれませんが、**家族を大事にできない人が、社員だけを大事にするとは思えません。**

生活面でフォローしてくれる家族を、ないがしろにしてはいけません。家庭は砦《とりで》のようなものです。そこが崩れたら、仕事に集中するパワーがそがれてしまうでしょう。

充実した仕事を続けるためにも、家族を大切にすることが肝心。ファーストクラスのお客様は、そんなことも自然の態度で教えてくれました。

女性をリスペクトする理由

女性は男性よりも弱く、目立たない存在ですが（最近は、違うようですが）、男性が気づかないような細かい部分にまで、細やかな気配りができます。

だからファーストクラスの常連の方たちは、サービスや商品に反映できる**女性の意見を積極的に活かすべき**であることをわかっていらっしゃいます。普段は目立たないけれども、「縁の下の力持ち」的存在の女性の力が大きいこともご存じです。

だから、総じて女性をリスペクトしています。

ファーストクラスのお客様は、機内では必ず女性にお手洗いを譲られます。おそらく機外でもそうされているのでしょう。

また、ＣＡが手荷物を上の棚に上げようとすると、

「それはいいよ。重いから自分で運びます」

とおっしゃって、コートルームや上の棚にご自分で上げようとされます。

また、CAに何かリクエストをされる際、必ず正面や斜め前の位置から呼びかけられます。背後から呼びかけることがマナーに反するということをよくご存じなのです。

閉めているギャレーのカーテンを勢いよく開けることもなさいません。カーテンを閉めている時はCAが準備中、食事中であることをご存じだからです。

ファーストクラスとビジネスクラスの出入口は同じ箇所になります。到着後、CAが通路に立ってバリケードとなり、ファーストクラスのお客様を先にご案内してその後、バリケードを解き、ビジネス、エコノミーのお客様をご案内します。

あるフライトで、到着後、ファーストクラスのお客様がメガネがないことにドア付近で気づき、座席に戻って探したことがありました。シートポケットの収納の中から見つかったのですが、その時すでに、他クラスのお客様が降りている最中でした。

そのお客様は、たまたま3歳ぐらいの女の子連れのお母様と降りるタイミングが重なりましたが、

「お先にどうぞ、お嬢ちゃん」

と言ってお子様に先を譲り、次に、
「お先にどうぞ、お嬢様」
とお母様にも譲られました。**「慌てて降りない」のは、旅なれている人の特徴的な所作**です。とてもスマートに見え、余裕が感じられました。また、「お嬢ちゃん」と「お嬢様」の使い分けにはユーモアも感じました。

このように女性を大切にする経営者は、女性社員はもとより、誰からも信頼されることでしょう。

弁護士を2人雇う意外な理由とは？

成功者は、時として、お金に興味がないような発言をされることがあります。でも、お金に興味がないわけではありません。会社の財務、売り上げや利益、新たな事業を起こすために必要な資金には敏感です。経営者ですから、当然のことです。

お金の使い方にはその人の人格が顕著に表われると、私は考えています。

本当のお金持ちは、見栄のためにお金は使いません。しかし、資産価値が上がるものには投資します。また、**一見無駄に見えても、仕事でそれ以上の回収が見込めれば浪費ではないと考えています。**

アメリカ人のファーストクラスのお客様と雑談中に、おもしろい話をうかがいました。

「僕は弁護士を必ず2人雇うんだ。1人は料金の高い弁護士、もう1人は安い弁護士」

「え？　お2人もですか？」

「どうでもよい簡単な案件は安い弁護士、専門的な相談は高いスター弁護士、と分けているんだ。安い弁護士に相談すると『次回までに調べてお返事いたします』といって彼が勉強する時間にもお金を払ってあげることになる。反面、高い弁護士とうちあわせをする場合には、来てもらうのではなく僕から行くんだ」

「へえ、なぜですか？」

「高い弁護士は、自分の執務室から応接室に歩いてくる際もチャージ（料金がかかる、加算される）されているんだ。僕のオフィスに来てくれと頼んだら、ドライブして車を駐車場に止めてエレベーターに乗って、という時間も全部チャージされる。だから、僕が彼の事務所に出向くんだ。そうすれば砂時計は2人が顔を合わせた瞬間にひっくり返せるから、必要な額だけを支払えばいいんだ」

2人の弁護士を雇うなんて、一見無駄のようですが、そこにはしっかりとした考えがあってのこと。合理的な投資になっています。

このように、**意義のある投資をするのが、賢者のお金の使い方**なのです。

そもそもファーストクラスに乗ること自体が社交や人脈づくりに対する〝投資〟だと考えれば、成功者はお金の使い道を知っているという事実を納得してもらえるでしょう。

人を気持ちよくさせるためにお金を使う

ニューヨークへのフライトで、機内では何もお召し上がりにならず、お水とジントニック、おつまみを召し上がっただけのお客様がいらっしゃいました。

それにもかかわらず、

「今日はいいサービスを受けたから」

と、その日の便に乗務したCAやコックピットクルー全員を到着地のニューヨークで食事に誘ってくださいました。もちろん全員参加しました。現地法人の担当の方も参加されました。

私たちへの対応だけではなく、ご自分の部下やテーブル係への接し方にまったく「差」をつけない態度に驚きました。誰にでもできることではありません。

また、食事中の会話も、成功者にありがちな自慢話は一切ありませんでした。もてなされた私たちが知っている、著名な方の話題や機内でのエピソードなど、興味深い話がさらに「ご馳走」となり、とても楽しい食事をすることができました。

私たちのほうから、

「どのようにして今の成功をつかまれたのですか?」

と質問すると、エピソードを交えながら、

「○○さんという方のお陰で……」

と何度も繰り返し、自身の努力や実力でなく、**「他人の引き立てのうえに自分の成功が成り立っている」**という話を何度もされていました。そして別のお店に移って5分ほどして、

「それじゃあ僕はここで失礼するからみんな楽しんでくださいね。今日は本当に楽しく過

ごせたよ。ありがとう」

と言って、お帰りになりました。帰り際には全員と握手。最初のお店を出てすぐに「それじゃあここで失礼するよ」と言われていたら、「では私どももここで……」と、会がお開きになっていたことでしょう。ここに配慮を感じました。しかも帰り際は、秘書の方から全員に、チョコレートのお土産までついていました。

3日後に戻った成田空港には、食事の際に撮影した写真と小さなカードが届けられていました。実際にカードを書き、写真を送ってくださったのは、おそらく部下の方でしょうが、その指示を出している方の気配りを思うと、何から何まで頭が下がります。

スパイラルの法則

成功者のお金の使い道としては、先に挙げた投資のほかに、「**人の気持ちにお金を使う**」というのがあります。

たとえば、支えてくれる家族に感謝の気持ちを伝えるために食事に招待し、お世話になった人にプレゼントを贈ります。CAやコックピットクルー全員を食事に招待してくださったファーストクラスのお客様のエピソードを紹介しましたが、その方は「人の気持ちにお金を使う」ことをさりげなく行なわれているといえるでしょう。

私はファーストクラスのお客様に接するなかで、**「人はそれぞれのステージで自分に合ったご褒美を得たいと願って行動している」**と感じました。私はこれを「スパイラルの法則」と呼んでいます。成功への階段をらせん状にたとえて、「スパイラル」としました。

それぞれのステージとは、「幼少期」「社会人」「プチ成金」「成金」「人格のともなった成功者」といった段階のことです。

小さな頃は、「人に親切にして、友達を大切にし、困った人を助けてあげましょう」と教えられ、それを疑いもせずに実行しようとします。**相手の喜んだ顔や「ありがとう」という言葉が〝ご褒美〟**です。

社会人になると、自分が働いて得たお金は、自分のために使います。若い頃は収入が少ないから、ギリギリの生活をしている人も多いでしょう。他人のために使う余裕はなく、頑張っている自分へのご褒美として、せいぜい年に数回、バッグや洋服を買ったり、海外旅行に行ったりする程度でしょう。

プチ成金は、自身の成功を見せびらかすために、強烈な「自己顕示欲求」が噴出し、ブランド品を買い漁《あさ》るなど、わかりやすいお金の使い方をします。それが成功した自分へのご褒美です。

成金になると、衣食住にお金をかけます。なかには誰もつくってくれないから、自身で銅像を建てて自賛する人も登場します。そういうことに糸目をつけないお金の使い方をします。

さらに成功した人は、お金では買えない「徳」のある人を目指します。末代まで名前を残したいという願望を抱くのもこの頃です。やがて社会貢献に目覚め、人に喜ばれることを自身の喜びとして感じられるようになります。他人の喜びや感謝の言葉が、まるで自分へのご褒美であるかのように。

あら、不思議。**相手の喜んだ顔や「ありがとう」という言葉を〝ご褒美〟としてもらうだけで満足していた幼少の頃と、同じ境地に戻った**わけです。

多くの社会人は、多少お金に余裕があっても、つきあいを削ったり、自分から誘っておきながらご馳走になったりと、対人関係では節約をしてしまうことが多いのではないでしょうか。

成功者のように振る舞うことは実際には難しいですが、人に喜んでもらうためにお金を使うことの大切さを忘れないようにしましょう。人の気持ちにお金を使うことで、プチ成金や成金のステージを飛ばして、成功者のステージに近づけるのですから。

感情のコントロールができる

飛行機に乗っていると、気流の関係などで大きく揺れることがあります。揺れるぐらいならまだいいのですが、天候不良などで目的地の空港に降りられないことが出てきます。実際に、それを経験しました。

飛行機はニューヨークに向かっていたのですが、他社便のバードストライク（エンジンのなかに鳥が吸い込まれること）によってＪＦＫ（ジョン・Ｆ・ケネディ空港）の滑走路が立ち往生となり、一時的に滑走路が閉鎖されたのです。そのため私たちが乗った飛行機はＪＦＫに着陸できず、代替空港のジェネラル・エドワード・ローレンス・ローガン国際空港に着陸しました。この空港はボストンにあります。ボストンとニューヨークの距離は約350キロ、東京―名古屋間に匹敵します。

しかし、「着陸して終了」ではありません。JFKで乗り継ぎをするお客様もいらっしゃったでしょうし、JFKにお迎えに来ている方だっているでしょう。重要な会議や約束が控えていた方々など、それぞれ次のスケジュールがあります。

それに、5時間も機内で待たされました。これでは、誰しも怒りたくなります。地上の係員が機内に乗り込み、給油が始まると、騒ぎ出すお客様や「インシュリンがない」と泣き出すお客様、機内の電話が空くのを待っている間に海外対応の携帯電話で話し始める方、お酒に酔った方など、機内はもはやパニック状態でした。

でも、ファーストクラスのお客様たちは、CAを呼んで、

「状況を教えて」

とひと言だけでした。ファーストクラスのお客様も、人と会う約束や大事な商談・会議が控えている方がほとんどです。内心ではとても焦り、お困りだと思います。

しかし、彼らは一瞬「え?!」と思っても、感情をすぐに立て直して、冷静さを取り戻すことができる人たちなのです。**ビジネス上で、いろんな修羅場を潜り抜けられてきた方たちばかりですから、ちょっとやそっとのことでは、パニックになんてならない**のです。人

間の本性は、こういう非常時にこそ出るもの。

私がファーストクラスのお客様に包容力を感じるのは、どんな時も冷静沈着でいる姿を間近で何度も見てきたからです。

ビジネスシーンでも、こういった冷静沈着さは常に必要です。

トラブルが発生してもパニックにならない方法は、「こういうこともあるかもしれない」とさまざまな可能性を考えておくことです。

同時に、**なるようにしかならない、と腹をくくることも大切**です。ジタバタしても仕方ない、と覚悟を決めることで事態が好転することもあります。ファーストクラスのお客様は、そのことを無言で私に教えてくださいました。

注文の多いエコノミーとビジネス、手間のかからないファーストクラス

エコノミークラスでは、**乗客の思いを一歩先読みして機内サービスを進めます。**

搭乗後、席が空いていると、「空いてるから、ここに座ってもいいか」「荷物を置いていいか」と、座席を移動する方が出てきます。

それはそうです。窮屈で狭い座席周りを少しでも広く確保してゆったりと座りたいと思うのは、みなさん同じです。

しかし私たちとしては、急病人発生など何かあった時のために、空いた座席は確保しておきたいもの。ですので、お客様の思いを先読みして、勝手に移動できないように空いた座席に「Occupied（使用中）」と印刷されたシールをぺたぺたと貼りつけたり、勝手に手荷物を置かないように、同じようにシールを使ってスペースをブロックしたりします。

エコノミークラスでは、「肩をもめ」「座席がガタガタして腰が痛いからシップを貼れ」といった、勘違いの注文も多いものです。

ビジネスクラスもしかりです。

法人の部長・課長クラスが多いクラスですが、近年は時代のあおりを受けて、社長クラスも搭乗していらっしゃいます。まさに企業戦士が集《つど》うクラスです。

ファーストクラス同様、お客様のお名前を呼ぶサービスを行なっています。ここが興味深いのですが、ファーストクラスとは異なり、「自分をエグゼクティブだと評価してほしい」「特別な客として扱ってほしい」といった自尊心の高さがうかがえます。

搭乗回数や肩書きにこだわる人が多いのが特徴で、「ビジネスクラスに乗っている、高ステータスカードを持っている自分」を強く主張されます。

また、大きな荷物（ピギーバッグ）を持ち込み、CAに荷物棚に入れさせたがる、という妙な共通点もあります。秘書がついていないことが多いせいか、機内での秘書役をCAに求めていらっしゃるようです。

クレームが多く、トラブルが尽きず、CAへのリクエストが多いのがこのクラスです。

満席の場合、ご用意したワインはすべてなくなることもあります。

ファーストクラスには、一般の市場に出回っていない有名なお酒も搭載しています。それをご存じ（下調べ済み？）のビジネスクラスのお客様が、「この前ファーストに乗った時にあった、あれある？」といった感じで、注文されるのです。

支払っている料金の差が歴然とあるなかで、一緒のものが飲めるわけがありません。

ですから、

「ただ今、見て参ります」

と言い残し、見に行くふりだけして、

「あいにく、先ほどのファーストクラスのお客様で最後になりまして」

と、丁重にお断りするようにしていました。その場でぴしゃりと、

「ご提供いたしかねます」

とは言いません。

ビジネスクラスとビジネスクラスからファーストクラスへのアップグレード組の中には、**飛行機をテイスティングバーと勘違い**されているのか、機内にあるワインを「1杯ずつ飲みたい」と片っ端から開けさせる方もいました。

このチャンスを逃すと次はいつ乗れるかわからないので、自分の好みや食事に合わせてチョイスするということをなさいません。

同じくビジネスクラスからファーストクラスへアップグレードしたお客様の中には、

「この便のソムリエ、ちょっと来てみてくれないかなあ」

とおっしゃる方もいたので、ソムリエCAがワインについてのご説明をさせていただくということも、一度や二度ではありませんでした。

「草原の中を駆け巡る少女の髪に、爽やかな春の風に乗った蝶々《ちょうちょう》が四つ葉のクローバーに……」

といった味の表現から始まり、そのワインの歴史からワイナリーのオーナーのエピソードまで、話は長くなるので割愛します（笑）。

ワゴンに軽食を積んで席の間を回ることを「間食サービス」といいますが、真っ暗になった機内で「あれをくれ」「これをくれ」と、とにかくビジネスクラスの方はリクエストが多いのです。まさに「注文の多いビジネスクラス」です。

「せっかくビジネスクラスに乗ってるんだから、すべてを味見したい」ということなのでしょうが……。

そんな手間がまったくないのが、ファーストクラスなのです。

ファーストクラスのお客様は、機内のキャビアが食べたくて乗っているわけでも、機内に搭載している幻《まぼろし》の銘酒目当てで乗っているわけでもありません。

プライバシーが守られたくつろぎの時間を確保し、そこで英気を養い、また同じステージにある成功者との社交のために、特別な席を購入されているのです。

ですから、ここぞとばかりに高級なワインを片っ端から飲むようなことはありません。

しかも機内は、気圧の関係で酔いやすい環境にあります。飛行中、客室の気圧は0・7〜0・8気圧で、標高2000〜2500メートルの山に登っているのと等しい状態だといわれています。気圧が低くなると、アルコールの影響を受けやすくなり、自分の適量もわからず、さらにお酒を飲み続けると酩酊《めいてい》します。

ファーストクラスのお客様は、お好きなものをお好きなタイミングで、いくらでも召し上がれます。それでも、たとえ機内で提供されるお料理が高級割烹とのコラボレーションであっても、それほど召し上がりません。ワインのリクエストもあまりありません。

本当に、手間のかからないお客様です。

こういうお客様たちだからファーストクラスに乗れるのか、ファーストクラスに乗っているうちにそうなるのか。ニワトリと卵の関係のようですが、興味深いと思います。

私のブルーオーシャン戦略

経営学では、競争の激しい既存市場を「レッドオーシャン（赤い海）」、**競争のない新たな市場を「ブルーオーシャン（青い海）」**と呼んで区別します。ブルーオーシャンを目指さずレッドオーシャンに入ってしまうと、ライバルだらけの苦しい戦いが待ち構えているというわけです（今巷《ちまた》で話題の航空業界がその一例ではないでしょうか）。

ファーストクラスのお客様である創業社長たちは、最初にブルーオーシャンを航海した方ばかりです。ある創業者は「こんなものがあったら生活が便利になるはず」と考え、またある創業者は「これを小さくすれば持ち運びができる」と思いつき、商品開発に挑みました。

起業して成功するには、経営指針、企業戦略、商品・サービス、市場、人材、資金、支援者など、いくつかのチェックポイントがあります。どれも大切な要素ばかりですが、私は成功の条件に、**「人の知らないこと・人のやらないことを早くやる」**を挙げています。

人の知らないこと・人のやらないことは、未開拓の市場、手つかずの分野です。だからリスクは高くてもいち早くそこに進出すれば、競争相手はいません。ブルーオーシャンです。いきなりナンバーワンでオンリーワンの企業になれます。

私は航空会社を退社し、２００６年に人財育成会社を設立しました。起業するにあたって練りあげた、**私の「ブルーオーシャン戦略」**はこうです。

私の周りには、ＣＡを辞めた後、マナー・接遇・サービス指導の講師になった方がたくさんいらっしゃいます。事実、私も「接遇・マナー講師をやらないか?」「うちの会社で社員に教えてくれないか」という申し出を数多くいただきました。

しかし、私は講師業をフリーでやっていくことは考えませんでした。それまでの経験を活かして、**新しい仕事の「しくみ」をつくりだしたかった**からです。

航空業界斜陽の時代とはいえ、現在も「CAになりたい」と願う女性は多くいます。その人たちに向けた受験スクールを東京都内に開校しよう。都内近郊からの受講生は通ってもらおう。通えない地方在住の人には、通信講座を用意しよう。

まず、こういうプランを描きました。

次に、受験スクールを運営していれば、元CAや現役CAが「講師に雇ってください」と門を叩いてくれるだろう。だから優秀な講師陣は、いくらでも確保できるだろう。

そう考えました。現在のCAは賃金も低く抑えられているため、生活するのもままならないと言う人が増えています。自分を活かせて人にも喜ばれる仕事は、彼女たちもやりがいを見出《みいだ》せます。これは航空会社受験を軸に置いた事業です。

その一方で、マナーに関するコラムを有名な媒体に書こう、と決めました。片っ端から有名な媒体にコンタクトを取っていきました。私が信頼できるプロとして認められ、知名度がアップすれば、全国からサービス業の研修依頼が舞い込むだろう、と考えたからです。そして、その研修に対応するために質の高い研修プログラムをつくり、研修担当の仕事は講師登録者で分担しよう。こういうプランを描きました。

これは企業研修と講師養成を軸にした事業プランです。

講師登録者はCA経験者が多いのですが、彼女たちは厳しい訓練を受けたのち実践で活躍した「サービス業のプロ」というプロフィールを持ち、かつ、心配りときめ細やかな対応のできる女性であり、サービスに対する厳しい目を持つ消費者でもあります。CAは、世界の一流品やサービスにふれてきていますから。

サービス業のプロ、女性、消費者という3つの視点を活かせる仕事として考えたのが、マーケティングやCS（顧客満足）調査を軸にした事業です。

彼女たちの高度な接客スキルと磨かれた感性は、他の業界からも潜在的に必要とされているはず。それができていないのは、スキルや感性を求める企業とサービスを提供する企業とのマッチングがうまくできていないから、と考えました。

つまり、市場は「ある」のだけど、誰もやっていない。だからマッチングができていないのではないか、と考えたのです。

起業する前にリサーチをしてみると、エアライン受験、講師養成、企業研修、マーケティング・CS調査を一社で担《にな》う企業がなかったので、私は、

「やった！　まだ誰もやっていない。ここにビジネスチャンスがある」

と確信しました。一つひとつを見ると飽和状態です。しかしながら**掛け合わせ方式をとることで、オンリーワンになった**のです。

人の能力・経験を商品化する

起業してみると、航空会社への就職を希望する受講生から喜ばれ、元CAにも喜ばれました。これからCAになろうという受講生と、かつてCAであった女性たちの人生がクロスする場所をつくりだしたことに、私は大きな手ごたえをつかみました。

CAはいったん職を離れてしまうと、これまでと同じ経験を重ねられる職場が少なくなります。CA時代に味わってきた満足感や充実感と同等のものを得ながら仕事を続けたいと考えるCA講師は、自身の経験がそのまま活かせる仕事にめぐりあい、新たなやりがい

を発見しました。

現在も新しいサービスの計画が進んでいます。私は「人がやっていないこと」を見つけながら、トライアンドエラーを続けつつ前進していくことを「時間も労力も要するがとても楽しいことだ」と感じています。

こういう心境になれたのは、**CA時代にファーストクラスのお客様に直にお目にかかり、習慣や考え方を身近で体験できたことが大きく影響しています。**

CAの経験を活かした仕事を始め、周りにいる人たちの経験をそのまま商品化することは、まさに「他人を巻き込んでいく」ファーストクラスのお客様が手本となっています。人の能力・経験を商品化することを「人を巻き込む名人」であるファーストクラスのお客様から、無言で教えていただいたように感じています。

目標を明確に掲げる

ビジネスでは、過程より結果が大切です。「頑張ったからほめてあげよう」なんていうことは滅多になく、結果に結びつかなければ意味がないとされます。

そのためには、**あらかじめきちんとゴールを設定して、そのゴールに向かって努力することが大事**です。

ファーストクラスのビジネスエリートたちは、ゴールを設定してひたすら努力を続けてきた方たちばかりだと思います。

しかし、圧倒的に多くの人たちは、「目標設定の大切さはわかっているけれど、何から手をつけていいのかわからない」のだと思います。

僭越《せんえつ》ながら、そんなみなさんに向けてのアドバイスを少々。

まず、目標を紙に書きましょう。

自分が考えている**「やってみたいこと」を、どんどん紙に書き出していきます**。頭のなかの土砂をドサッと紙に落とすイメージです。

「絶えず紙に書くことで自分を奮い立たせていた」と話してくれた経営者がいました。「商売をしていると、つい甘い誘惑やお誘いがあり、楽なほうについフラフラといって倒産に直面した」と語ってくださったお客様は、起業時の思いや目標を紙に書いてパワーが分散しないよう努めていたとのことです。

アメリカの社会学者ロバート・キング・マートン氏は、

「**強くはっきりとした願望は、それを強く意識して思いこむことで現実化する**」

と語っています。

エール大学では、卒業生に対して卒業時に次の質問をしたそうです。

1．あなたは目標を設定していますか？

2．目標を書きとめていますか？

3．最終目標を達成するために計画がありますか？

20年後に追跡調査をした結果、**3つの質問にすべてYESと答えた学生は全体の3％だったにもかかわらず、卒業生の総資産額の90％以上はこの3％の人が手にしていました**（これは凄い話だと思いませんか！）。結婚、職業、さらに健康状態においても、満足度が高かったとのことです。

偶然ですが、また「3％」が出てきましたね。飛行機の中でファーストクラスに乗っているビジネスエリート、日本の富裕層、そして目標を紙に書いていた成功者。すべて全体の3％です。

私も将来の自分に満足したいと考えているので、起業時からずっと、真面目な夢や不埒《ふらち》な夢を書きとめています。イライラしたり迷ったり、やるべきことの優先順位に迷いが生じたら、それを見て軌道修正しています。

「これから飛躍したい！」と願う方は、やらない手はないと思います。

私のアイデア発想法

アイデアの創出には、「9つのマス目」を使っています。

これは真ん中にテーマ、その周りにアイデアなど思いついたことを書いていくというものです。**8つのマスを埋めるだけなので、大きなプレッシャーはなく、集中して一気に行なえます。**それぞれのマスをさらに掘り下げてさらに9つのマスをつくっていくと、企画書が書けるくらい明確化してきます。私はそれを「**目標シート**」にまとめています。

この方法で、「動画サービス」のアイデアを練りました（次、次々ページ）。

あるお客様から「**商売は連想ゲームだよ**」と教えていただいたことがあります。

頭の中であれもしたい、これもしたいと考えている時には「妄想」状態ですが、**紙に書**

アイデアが広がる「9つのマス目」

コンパクト（1分程度）	インパクト	イージー（you tubeやHP）
女性向け	動画サービス	綺麗に撮る
躍動感	説明不要	編集・更新簡単

き出すと、その妄想が計画や企画となって、現実味を帯びてきます。妄想から現実化への第一歩が、この9マスです。

　第一歩が踏み出せないという人は、この9マスを使うと「やるべきこと」とそれを実現するために「必要なこと」が視覚化されて明確になるので、おすすめです。

　目標達成のその先にあるものにもふれておきますね。

　経営学者で「経営の神様」と呼ばれるピーター・ドラッカー博士の言葉です。

「目的を達成した時は、お祝いする時ではない。新しい目的を設定する時である」

　達成した時は緊張を緩めてもよいのですが、すぐに新しい目標を設定しましょう。

アイデアが明確になったら、目標シートにまとめる

〈例〉現在の私の目標シート

■目標　新サービス　女性講師向け撮影サービスをつくる
■実現したい理由 1. 能力の高さを認知されていない講師がいる 2. 講師のネットワークづくりのボトムアップを図りたい 3. 男性に比べ女性は営業力に自信がない方が多いため 4. ビジュアルで見込み客に訴えたい 5. ＰＲ手法に悩んでいる講師が多いため
■達成できた時の気持ち 講師という同じ仕事をしている方々のそれぞれ違った宝物を 世間に認知できる喜びを感じられると思う
■乗り越えなければならない壁 1. 撮影スタッフを厳選する⇒制作会社と提携し、アマチュアとは契約しない 2. 広告手法⇒ＷＥＢサイトでサンプル動画をたくさん用意し信頼度を高める 3. 地方撮影の際のプロシージャー⇒プロデューサーは確保したうえで 現地制作会社と提携することでクリア 4. スタッフの選出⇒希望者を募る　撮影や動画に興味のある者を選ぶ
■具体的な計画 ＷＥＢサイト制作、撮影クルー集める　講師養成講座とのリンク
■現状 WEBサイト製作中　サイト名「ヒロイン」と命名、サンプル動画製作中
■最終達成日　12月1日（サイトオープン）
■宣言　私はここに宣言します。　美月あきこ　9月25日
■約束 達成できなければ大好きなエスニック料理とチョコレートを一生絶ちます

こんなお客様も乗っているの!?

懐中時計を何度も見ているお医者様

自慢話の多い人っていますよね。飛行機のなかでも、自慢話に酔いしれているお客様がいらっしゃいました。

これは、ビジネスクラスでのお話です。

「前回乗った時に人命救助したんだけど、何か聞いてない?」

この方は、お医者様のようでした。

「その時、心肺蘇生して戻ったからよかったよ〜。いや〜、本当にあの時は疲れたよ〜」

「さようでございますか。その節はお休みの中、ご協力いただき誠にありがとうございました」

「オレもどうしようか迷ったわけ。だって、こっちだって疲れて乗っているから寝ている時にあんなに何度も何度もドクターコールされちゃあ、寝てられないよね。他にもドクターいたんだよね。きっと。でも正義感が人一倍強いから、オレって黙ってられないんだよね。それでさあ、君の会社から懐中時計もってさあ。こんな安っぽい懐中時計どうでもよいんだけどさあ……」

と、お話しされながら、懐中時計を左ポケットから出し、腕時計をつけた左手で握り締めていらっしゃいました。そして、CAが通るたびに意味もなく懐中時計を出したり、見たり。それを到着まで延々と続けていらっしゃいました。

ミールサービス中にもかかわらず、カートを止めて小一時間、その方の自慢話を聞き入らざるを得なくなったこともありました。

本来なら、

「後ほどゆっくりとお話をうかがわせていただきます」

と説明して次のお客様へのサービスに移るのですが、この手の方は一方的に話し続け、CAが話しかけるタイミングを与えてくださらないのです。

そうしているうちに、小一時間も経ってしまったというわけです。

ビジネスクラスには、このように自慢話をし、しかも話を手短に終わらせられないタイプの方が、なぜか多いのです。

6章

一般のビジネスにも役立つ
CAのスキル

ファーストクラスでの食事6
フルーツの盛り合わせ

成功者であるファーストクラスのお客様から学べることを、習慣や見た目、行動、発想などに分けて紹介してきましたが、最後にＣＡにもスポットを当ててみたいと思います。ＣＡはどんな訓練を受けているのか、そして成功者にどんな「おもてなし」を提供しているのか。この章では、一般のビジネスにも役立つＣＡの訓練とスキルをご紹介します。

１社の募集に約１万人が全国から応募する

まず、採用試験についてご説明しましょう。

航空会社によって多少異なりますが、１社の募集に約１万人が全国から応募してきます。

採用人数は、航空会社の採用計画によって異なります。かつての正社員採用時代（１９９０年代前半入社まで）は４００名程度でした。

現在は早期退職者が多くなりつつあるので、採用は1年に2度ほど実施。１度に１５０～２００名程度の採用をしています。

国内路線の運航のみを行なう航空会社の場合、1回の採用枠は30名程度です。外資系企業は5名程度です。採用数が少ないのは、邦人客室乗務員として国内路線で1機に1名程度の乗務でよいためです。

一人前になるまではエレベーター禁止

採用が決まると、入社後にはCAになる訓練を受けなければなりません。朝から夕方までトレーニングセンターに缶詰状態で、集中してさまざまなレッスンを受けます。期間は2カ月間弱。**吐きそうになるくらいの訓練とテストが毎日続きます。**

心構え、言葉遣い、立居振る舞い、ミールサービス、メイク、英語、そしてもっとも重要な緊急時の対応まで、教官に徹底的に鍛えられます。学生としてのユルユルとしていた生活とは、180度違う世界です。

しかも、訓練期間は、一人前どころか半人前とも認められません。

ある教官は、私たち訓練生に向かって、

「あなたたちは一人前ではないから、エレベーターには乗ってはいけません」

と注意しました。

それでも遅刻寸前だからと、他の職員の人たちに混じってエレベーターに乗っていたら教官に見つかり、次の階でエレベーターの外につまみ出されたものです。

訓練関係者だけではなく他部署の人たちも大勢いるので、見つからないと思ってこっそりエレベーターに乗ったことがありましたが、訓練部につくやいなや、教官に「あなた今朝エレベーターに乗っていたでしょう」と指摘されたこともありました。

訓練生は、まだ1円も売り上げを上げていないのです。売り上げに貢献している他のセクションの社員にエレベーターを利用してもらうのは、今から考えると当然だったと思えますが、当時は「人間扱いされていない」と、同期同士でこっそり言い合っていたものです。

授業中は、イスの背もたれに寄りかかるのは禁止でした。寄りかかっているのが見つかると、即、教官からお叱りやペンが飛んできました。

授業が終わるたびに、「あ〜〜」と大きな声で背伸びをしたものです。またそれを廊下からこっそりと見ていた教官から「こら！」と叱られ、トイレで「あ〜」と何とか心にたまったオリを発散させていました。

そんな毎日を過ごし、訓練が終了する少し前に、念願の制服が与えられます。制服に袖を通した途端にワアワア泣いたことを、今でも鮮明に覚えています。「この制服を着るために私はここまで頑張ってきたんだ!」と今までのオリはなかったかのように感動しました。

クレームは信頼の証

私は「**クレームは顧客からの信頼の証だ**」と考えています。未来への価値を見出す、貴重な宝物です。

人は誰しも面倒なことは避けて素通りしたいと考え、実際、そのように行動しがちです。

それなのに、あえて面倒なことを選び、コメントを寄せてくださる方は、その会社に対して愛情をお持ちの方です。

クレームは、ないに越したことはありませんが、実際のビジネスシーンでも「クレームは信頼の証」だと考えてもらえれば、ビクビクすることは少なくなると思います。

私が**「クレーム大好き」なのは、お客様とより近くなれるからです**（だからといってわざとクレームが出るようなことはいたしませんが）。

たとえば、次のようなクレームがありました。

「この機内食のまずさどうにかならない？　あんた今度〇〇〇〇に乗ってみるといいよ。あそこの食事は本当においしくて、CAもフレンドリーでね。ところで、どのようにすれば、こんなまずい機内食ができるわけ？」

ビジネスクラスやエコノミークラスで提供する機内食は、出発の何時間も前につくらなければならないため、できたてのおいしさを味わっていただけません。

それに加えて、機内はとても乾燥しています。おしぼりを5分も置いておけば、縦に立てられるほどカチカチに硬くなります。そのため機内食は鮮度を保ち、そして防腐効果が高いという2つのポイントにフォーカスしながら、製造されています。CAも機内食が地上の食事よりも味が落ちることは千万承知しています。

しかし、それを認めて「お客様のおっしゃるとおり」とも言えません。

そこで、

「ありがとうございます。このたびのお客様の貴重なご意見をぜひサービスに反映させていただくためにも、レポートにして社に持ち帰らせていただきますので、少しお話をおうかがいしてもよろしいでしょうか？」

と言って、アンケート調査をさせていただきました。

するといつの間にか、お客様の旅行話に発展し、「アルプスに登った」「カプリ島に行った」「リオで踊った」など、そのお客様が体験した楽しい話がポンポンと出てきました。直前のストレスのある関係と異なり、フレンドリーな会話です。

クレームを避けるのではなく、相手のフトコロにもぐりこみ、話に耳を傾けるのです。

このようにすれば、クレームをつけてきたお客様とも親しくなれ、相手の怒りをやわらげ、信頼を回復できます。一般のビジネスでも、応用できるのではないでしょうか。

CAは見た目が9割

ＣＡはお客様から見られる立場にいます。「人は見た目が9割」といいますが、ＣＡは服装や髪型も人格の一部だという教育を受けています。こういった考え方を「**オブジェクティクス**」と呼びます。

ビジネスパーソンなら、身なりの大切さをご理解いただけると思います。服装や髪型にその人の精神状態が表われるのですから、無視するわけにはいきませんよね。

お客様が私たちＣＡを見て、

「今日のフライトは清潔で上品、そして控えめなＣＡさんが対応してくれて快適だったわ。キビキビと動く様は清々しささえ感じて、安心できました。私も明日から頑張ろうと思いました」

などと感じてくださり、実際におほめいただいた際には、飛び上がるほど嬉しかったです。それはたとえ親しく言葉を交わさなくても、私たちの思いが伝わったからです。

余談ですが、ＣＡはサービス要員であると同時に保安要員です。外見や立居振る舞いばかりに注目が集まりますが、乗客の安全を守る姿勢こそ、より重要なのです。

CAが心がけている「挨拶は先手必勝」

CAは「挨拶は先手必勝」と考えています。何の勝負をしているのかわかりませんが、お客様に対してはもちろんのこと、先に自分から先輩や上司、仲間、ご近所の方などすべての人に行ない、その後もムラのない挨拶を続けることが、好感度を保つということです。

挨拶は、最初の印象がのちのちまで続き、記憶の再生率が高いのです。初対面の人と会う時、第一印象が大きな影響を与えるという心理効果を、心理学では「初頭効果」と呼びます。

反対に、最後に提示されたものが印象深く記憶に残ることを「親近効果」といいます。ドラマの出演者のクレジットタイトルも、最初と最後は大御所ですよね。目立つ場所なのです。

効果的に相手によい印象を与えようと思えば、大きな声で元気よく挨拶して、相手に好イメージを植えつけるようにします。

このように、**CAは一瞬にして相手との距離感を縮め、親近感を覚えるようなアプロー**

チを心がけています。自分に興味・関心をもってくれている後輩をいじめようなどと考える人はまずいません。職場の人間関係にお悩みの方、ぜひ実践ください。

ドライアイスを素手で扱う理由

ファーストクラスでのミールサービスは、以前はワゴンでいっせいにサービスしていましたが、現在はお出しするタイミングをお客様一人ひとりの状況に合わせています。ですので、一度で終わりません。サービスが個別対応になり、より顧客満足度を追求するようになった結果ですね。

この個別対応では、マニュアルではない心のふれあいが重視されています。相手の表情を見ながら柔軟に対応するということです。

一方で、スピーディーさも求められます。時間とクオリティーが、同時に必要とされているのです。

ミールサービスを行なう直前のギャレー（台所）は、「**戦争**」と呼ばれます。そのくらい、ありえないほどの速さで食事や飲み物を準備します。

ギャレーの中では、頭の高さほどあるコンテナー（タンク）から左手で持ったポットにコーヒーを注ぎながら、右手ではお客様が食べ終わった食事トレーをウエストほどの高さのカート棚に収納します。次にカートのドアを右足で押さえて閉めながら、空いた右手でカートのドアのハンドル状のラッチ（カギ）をかけ、そうこうしているうちにそろそろいっぱいになるであろうコーヒーを止める……といったことを同時進行で行なっているのです。それにしても、千手《せんじゅ》観音もびっくり（？）の腕さばき（足も！）ですね。

チラーシステム（冷蔵機能）非装着便では、飲み物や食事が腐らないためにドライアイスを挟《はさ》み込んでいくのですが、数時間が経過したところでドライアイスの残量をチェックし、なくなりかけている箇所に補給していく作業があります。

訓練所では「専用グローブをはめてドライアイスを持つ」と学びましたが、実際にはそんな暇はないので素手で作業します。最初はリネンで持ったり、新聞紙で挟んだりといろいろ工夫していましたが、だんだん皮膚も慣れてきて、ベテランになると素手で行ないます。**面の皮が厚くなるのと正比例して、指先の皮膚の厚さも増していく**のです。

さて、「戦争」と称されるギャレーの中が「動」だとすれば、お客様に正対した際の身のこなしは「静」。とてもゆっくり、優雅に繊細に振る舞います。

こういったメリハリのある動きが、お客様のいろんな注文に柔軟に対応できるコツかもしれませんね。ビジネスパーソンにも重要な要素だと思います。

応援者をつくる

時間管理をテーマにしたビジネス書にはあまり書かれていないようですが、**お客様に笑顔で接しているとお客様が応援者になってくれる**。これも、時間管理の大事な要素です。

たとえば、中年女性のおしゃべりは機内迷惑です。周りへの遠慮などお構いなしでワーワーギャーギャー（私を含む中年女性の方々、お許しください）。

そんな時には正面切って「お静かにお願いいたします」と告げても効果はありません。逆に反感を買われて「ここのCAは教育がなっていない」といわれる始末に。

そこで、雑誌をお持ちしたり、機内販売カタログや見本物をお持ちしたりして、会話のネタを世間話ネタから機内ネタへとシフトチェンジします。しかし機内ネタにシフトしたところで、騒音がなくなるわけではありません。

もっとも有効な解決策は、騒がしい会話に耳を傾け、**グループのボス格の人物を見つけ出し、「あなたのお力で」とその方の顔を立てて、「ご協力依頼」するのです。**

この時、相手を見上げる位置になるよう、膝を床につけ腰を落とします。慇懃《いんぎん》無礼かと思われるスレスレのところで「あなたを頼りにしています！」「私をどうか助けて」モードでお願いするのです。

するとボス資質の人に共通する「頼られると弱い」親分肌な面や、仕切りたがり屋の部分が刺激され、本来CAがやるべき「機内の騒音をなくす」という仕事を代わりにやってくださるのです。これで、自分自身の時間管理ができます。

CA時代のこういった経験は、現在の仕事にも大いに活かされています。

仕事は一人でやっているように見えて、じつはいろんな人とのかかわりで成り立っています。たとえば支払いや出金など財務管理をしてくれている経理の人、スケジュール管理をしてくれている人、ビル管理の方など、仕事を分担してくださる方はたくさんいます。

大切な心構えは、それぞれの仕事をきちんと認め、時には称賛し、感謝の言葉を伝え、評価してあげることです。

ボスから、「ありがとう」「助かったよ」「頼りにしていますよ」「コレやってもらったおかげでうまくいったよ」などと声をかけられると、誰だって嬉しいものです。

これを続けていくうちに「これ、お願い」と頼まなくても、スタッフは自発的にやってくれるようになります。しかもこだわりを持ち始めてよい仕事をしてくれます。時間までにできないところは、他の人がカバーするやり方ができあがっていくのです。

「イヤイヤ」「仕事だから仕方なく」やるのではなく、「ここまでやらなきゃ、これぐらいやらなきゃ。私の仕事じゃない！」と出来栄《できば》え基準が高くなるから不思議です。

CAのプロ意識

限られた時間内に同時にいろいろなことを行なっても混乱をすることはない、と書きましたが、イライラすることはあります。次の描写は、エコノミークラスでの体験です。

「オレンジジュース」

「あ、こっちも」

何度も呼びつけられたあげく、

「あ、やっぱりコーラ」

といわれると、イライラしてしまいます。

しかし、ここで「え〜〜い、いっぺんに言わんかい！」（あら、お下品な）と叫ぶとサービスのプロである私の負け……と思い、ニッコリと笑います。

時にはあっちから「姉ちゃん、新聞！」と声がかかり、こっちから「おい、コーヒー」、背後から「何で洋画が先なんだ。オレは邦画が好きなんだ」と罵声《ばせい》が飛びます。

「何でオレのところに飲み物が来ていないんだ？（これはお目覚めカードを貼り忘れた模様）」と、怒られることもありました。

「お客様がお休み中でしたもので」

「馬鹿野郎！　オレはただ目を閉じていただけなんだ！」

「大変申し訳ございません」

このようなやり取りを四六時中繰り返します。

エコノミークラスやビジネスクラスでは、なぜか横からエプロンを引っ張ったり、後ろから背中や腕（最悪なのがお尻や足）を触られたりします。

最初のうちはいちいち驚き「お客様……」なんてオロオロしながら対応していました。その様子を「へへへ」とさらに喜ぶスケベジジイ（失礼いたしました）。しかし、そのうちに経験年数と比例した**「どこでも触らんかいモード」（これを私は「不感症力」と呼んでいました……**失礼）になります。

「ちょっと！」と呼び止められることが多いのも、恐怖の位置、つまり背後からです。それでも、「サービスのプロ、私はサービスのプロ」と自身に言い聞かせながら、笑顔で接します。

このようにＣＡには、さまざまな仕事があります。

皆さんが想像されている以上に、肉体的にも精神的にも過酷な労働かもしれません。それでも、素晴らしいお客様に囲まれた空間に身をおきたい、そしてその空間にふさわしい自分になろうと努力するのがＣＡなのです。

ＣＡを離れ、現在は地上にビジネスの舞台を移した私ですが、**ＣＡ時代に学んだことが今の私の血となり、肉となっていることは確かです。**

飛行機の中でお目にかかったさまざまなお客様にいろいろなことを教えていただくことができて、本当に幸せだと思います。

こんなお客様も乗っているの!?

アップグレードのお客様の場合

アップグレードではじめてファーストクラスにお乗りになったお客様には、共通する特徴があります。周囲をうかがっている様子で、どことなく上目遣いなのです。まだ飛び立つ前なのに、重力がかかったように体の動きがぎこちなく、離陸後も不自然さがいつまでも残ったまま。雰囲気になじんでいない自分を周囲の人に悟られまいと、一生懸命取りつくろっているように見えます。

座席のリクライニングとフットレストボタンやテレビモニターのコントローラーボタンを間違えて押してしまったのか、同時に全部飛び出してきてしまい、戻し方もわからずただオロオロとしてしまうという状況を何度も目撃しました。こちらも、どのようにお声がけしてよいかわからず、見なかったことにしてみたり……。

リクライニングのボタンをカチャカチャと触っていた男性の座席がガクンと後ろに倒れた拍子にカツラがはずれ、後ろに座っているお客様の足元に落下……ということもありました。

後ろの座席は高齢の女性(ご主人と同伴)で、お食事中でした。

　前の席の男性のカツラは、プレートの上をかすって女性の足元に落ちました。女性は急に〝髪の毛の一部〟が降ってきたので驚いていらっしゃいましたが、笑ってよいのかどうか、困惑気味でした。

　一方、〝髪の毛の一部〟を飛ばした張本人は、自分が飛ばしたくせに「この座席は、いったいどうなっているんだ」と逆切れ。私はその飛んだ頭の一部をどうやって、そしてどのタイミングで本人にお返ししようかと少し動揺しましたが、こんな時に変に照れたり恥ずかしがったりすると余計に雰囲気は悪化します。ここは堂々と「よくあることなのよ」という態度でお客様に丁重にお返しいたしました。

　そのお客様はどうしてもその座席に馴染めなかったのか、フットレストから足がずり落ちたり、うまくリクライニングできなかったりを繰り返していました。「わからないから教えて」と言っていただいたほうが、こちらとしてもハラハラせずすみますし、そのほうがスマートに見えます。

本書『ファーストクラスに乗る人のシンプルな習慣』は、
２００９年12月、小社から単行本で刊行されたものを加筆・修正し文庫化したものです。

一〇〇字書評

切り取り線

購買動機（新聞、雑誌名を記入するか、あるいは○をつけてください）

□ （　　　　　　　　　　）の広告を見て
□ （　　　　　　　　　　）の書評を見て
□ 知人のすすめで　　□ タイトルに惹かれて
□ カバーがよかったから　　□ 内容が面白そうだから
□ 好きな作家だから　　□ 好きな分野の本だから

●最近、最も感銘を受けた作品名をお書きください

●あなたのお好きな作家名をお書きください

●その他、ご要望がありましたらお書きください

住所	〒				
氏名		職業		年齢	

新刊情報等のパソコンメール配信を 希望する・しない	Eメール	※携帯には配信できません

あなたにお願い

この本の感想を、編集部までお寄せいただけたらありがたく存じます。今後の企画の参考にさせていただきます。Eメールでも結構です。

いただいた「一〇〇字書評」は、新聞・雑誌等に紹介させていただくことがあります。その場合はお礼として特製図書カードを差し上げます。

前ページの原稿用紙に書評をお書きの上、切り取り、左記までお送り下さい。宛先の住所は不要です。

なお、ご記入いただいたお名前、ご住所等は、書評紹介の事前了解、謝礼のお届けのためだけに利用し、そのほかの目的のために利用することはありません。

〒一〇一－八七〇一
祥伝社黄金文庫編集長　吉田浩行
☎〇三（三二六五）二〇八四
ohgon@shodensha.co.jp

祥伝社ホームページの「ブックレビュー」からも、書けるようになりました。
http://www.shodensha.co.jp/bookreview/

祥伝社黄金文庫

ファーストクラスに乗《の》る人《ひと》のシンプルな習慣《しゆうかん》

平成24年10月20日　初版第1刷発行

著　者　美月《みづき》あきこ

発行者　竹内和芳

発行所　祥伝社《しようでんしや》

〒101－8701
東京都千代田区神田神保町3－3
電話　03（3265）2084（編集部）
電話　03（3265）2081（販売部）
電話　03（3265）3622（業務部）
http://www.shodensha.co.jp/

印刷所　萩原印刷

製本所　ナショナル製本

ISBN978-4-396-31592-4 C0195

祥伝社黄金文庫

酒巻 久
椅子とパソコンをなくせば会社は伸びる!
売上が横ばいでも、利益は10倍になる! キヤノン電子社長が語る、今日から実行できる改善策。

酒巻 久
キヤノンの仕事術
仕事に取り組む上で、もっとも大切なことは何か――本書には〝キヤノンの成長の秘密〟が詰まっています。

西川靖志
ブラック・スワンの経済学
デフレ、財政赤字、日本企業の没落、少子高齢化の影響……震災後の「日本経済」を日本一わかりやすく教えます!

西口敏宏
ココ・シャネルの「ネットワーク」戦略
イノベーション研究の第一人者が「ネットワーク論」から読み解いた、ココ・シャネルの成功の秘密!

長谷部瞳と「日経1年生!」製作委員会
日経1年生!
日経は大人の会話の「ネタ帳」。身近なニュースから「経済の基本の基本」がわかります。もう日経は難しくない!

「長谷部瞳は日経1年生!」編集部
日経1年生! NEXT
経済が大変なことになってます! いま読まなくて、いつ読むの!? 累計400万ダウンロードの経済番組、書籍化第2弾!!

祥伝社黄金文庫

「西川里美は日経1年生!」編集部　**西川里美の日経1年生!**

世界的経済危機、政権交替、就職氷河期……激動の世の中だからこそ、「経済」をわかることが武器になる!

林田俊一　**黒字をつくる社長 赤字をつくる社長**

頑固でワンマンで数字に弱い社長。ものも言えない取り巻きたち。気鋭のコンサルタントが明かす社長の資質。

林田俊一　**赤字を黒字にした社長**

今こそ社長以下、全従業員が結束を! 評論家ではない現場の実務者が明かす企業再生への道標。

弘兼憲史　**ひるむな!上司**

ため息をついている暇はない! 部下に信頼される上司の共通点

弘中　勝　**会社の絞め殺し学**

会社の経営を苦しくしているのは誰? 超人気メールマガジン「ビジネス発想源」の筆者、渾身の書下ろし。

堀場雅夫　**出る杭になれ!**

混迷の時代、誰も先のことは読めません。「出る杭」は打たれるが、出すぎてしまえば周囲も諦めます。

祥伝社黄金文庫

向谷匡史
「いっしょに仕事をしたい」と思わせる人の55のルール
「あの人はいいね！」と言わせる心理戦術、自己演出、好感をもたれる言葉遣いから態度まで、具体例でわかりやすく伝授！

渡邉美樹
あと5センチ、夢に近づく方法
「自分の人生を切り売りするな！」ワタミ社長が戦いながら身につけた起業論。

和田秀樹
会社にいながら年収3000万を実現する
精神科医にしてベンチャー起業家の著者が公開する、小資本ビジネスで稼ぐ、これだけのアイデア。

荒井裕樹
プロの論理力！
4億の年収を捨て、32歳でMBA取得に米国留学！ さらに大きくなり戻ってきた著者の「論理的交渉力」の秘密。

石井裕之
ダメな自分を救う本
潜在意識とは、あなたの「もうひとつの心」。それを自分の味方につければ……人生は思い通りに！

石原　明
イヤな客には売るな！
儲かっている会社は、お客様を「選別」しています。〝石原式4サイクル販売戦略〟とは？